江苏凤凰科学技术出版社

图书在版编目（CIP）数据

水经注 /（南北朝）郦道元著 ；杨承清编译． — 南京 ：江苏凤凰科学技术出版社，2017.2
（古法今观 / 魏文彪主编．中国古代科技名著新编）
ISBN 978-7-5537-7814-3

Ⅰ．①水… Ⅱ．①郦… ②杨… Ⅲ．①古水道－历史地理－中国 Ⅳ．① K928.4

中国版本图书馆 CIP 数据核字 (2017) 第 006482 号

古法今观——中国古代科技名著新编

水经注

著　　者	〔南北朝〕郦道元
编　　译	杨承清
项目策划	凤凰空间／翟永梅
责任编辑	刘屹立
特约编辑	蔡伟华
出版发行	江苏凤凰科学技术出版社
出版社地址	南京市湖南路 1 号 A 楼，邮编：210009
出版社网址	http：//www.pspress.cn
总 经 销	天津凤凰空间文化传媒有限公司
总经销网址	http：//www.ifengspace.cn
印　　刷	北京博海升彩色印刷有限公司
开　　本	710 mm×1 000 mm　1/16
印　　张	10.75
字　　数	258 000
版　　次	2017 年 2 月第 1 版
印　　次	2021 年 1 月第 2 次印刷
标准书号	ISBN 978-7-5537-7814-3
定　　价	39.80 元

图书如有印装质量问题，可随时向销售部调换（电话：022—87893668）。

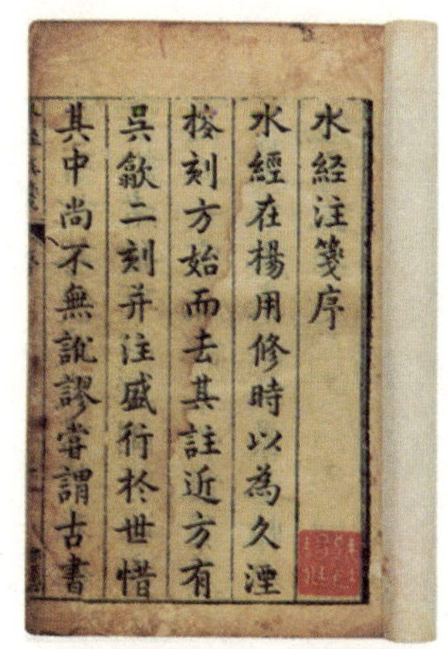

水經注箋序
水經在楊用修時以為久湮
梓刻方始而去其註近方有
吳歙二刻并注盛行於世惜
其中尚不無訛謬審謂古書

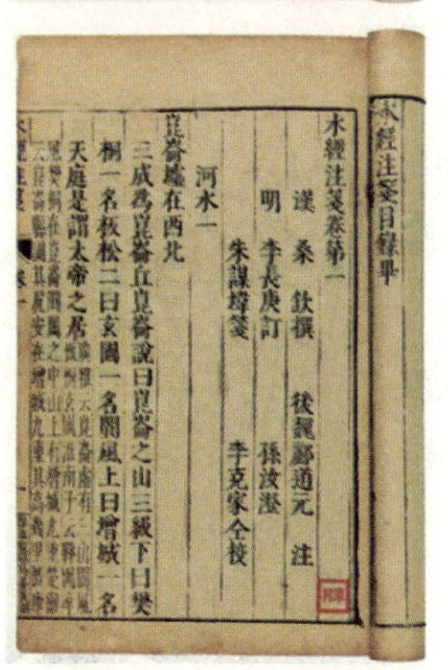

水經注箋目錄畢

水經注箋卷第一
漢 桑 欽撰 後魏酈道元 注
明 李長庚訂 孫汝澄
朱謀㙔箋 李克家仝校
河水一
崑崙墟在西北
三成為崑崙丘崑崙說曰崑崙之山三級下曰樊
桐一名板松二曰玄圃一名閬風上曰增城一名
天庭是謂太帝之居

古代版《水经注》内页

中华民族要实现伟大复兴，必须有巨大的凝聚力。凝聚力的基础是我们具有极大的民族自尊心、自信心，而民族自尊心、自信心的根本来源于对我们民族优秀文化的认知和领悟。中华民族在数千年的文明历史中，创造了灿烂的文化，在自然科学和技术领域取得了累累硕果。当下中国人必须知道，我们古代天文学、物理学、化学、地学、医药学以及建筑、纺织、陶瓷、造船、水利建设等方面曾经在世界居于领先地位，如举世闻名的造纸术、印刷术、指南针、火药四大发明，这些科技发明促进了整个人类文明的进步。

为此，我们对在中国历史上占有重要地位的科技古籍进行重新译编，在弘扬民族文化的同时，并注重推陈出新。在内容上不仅紧密联系现代，还配以相应的图片，让读者可以直观地从科技古籍中学到科普常识，更能从中看到古人在科技方面的造诣。

需要说明的是，《水经注》共四十卷，

黄 河

但编译者并没有收录全部内容，而是将各章节与当下自然人文联系较紧密的内容进行翻译、解读，让读者能用最小的阅读量，在最短时间内领略《水经注》的魅力！

本书作者郦道元（466或472—527），字善长，我国古代地理学家、散文家，生活于南北朝北魏时期，出生在今河北省涿州市一个官宦世家，少年时代就喜爱游览。后来他做了官，就到各地游历，每到一地，除参观名胜古迹外，还用心勘察水流地势，了解当地地理、地貌、土壤、气候、人民的生产生活和地域的变迁等。

郦道元在写《水经注》时，以河流为纲，详细地记述了河流流经区域的地理情况，包括山脉、土地、物产、城市的位置和沿革、村落的兴衰、水利工程、历史遗迹等古今情况，并且具有明确的地理方位和距离的观念。像这样写作严谨、内容丰富的地理著作，在当时的中国乃至世界都是无与伦比的。

编译者

2017年1月

目录

卷 一

河 水

原典

三成为昆仑丘①。《昆仑说》②曰：昆仑之山三级，下曰樊桐，一名板桐；二曰玄圃，一名阆风；上曰层城，一名天庭，是为太帝③之居。

注释

① 三成为昆仑丘：三级的土丘称为昆仑丘。

② 《昆仑说》：书名，不详。

③ 太帝：天帝。

译文

三级的土丘称为昆仑丘。《昆仑说》说：昆仑山有三级，最下一级叫作樊桐，又叫作板桐；第二级叫作玄圃，又叫作阆风；最上一级叫作层城，又叫作天庭，这里是天帝居住的地方。

昆仑山

昆仑山及其特产

昆仑山，又称昆仑虚、中国第一神山、万祖之山、昆仑丘或玉山。昆仑山在中华民族的文化史上拥有“万山之祖”的显赫地位，古人称昆仑山为中华“龙脉之祖”。中国上古流传下来的神话传说很多都与昆仑山有关，其被认为是中华民族的发源地。然而，现如今的昆仑山并非许多神话里所提到的那座“昆仑山”，而是昆仑山脉。神话中的昆仑山乃是存在于现实的“昆仑仙山”。

昆仑山的特产最出名的就是昆仑雪菊，对人有着非常好的保健作用。除了昆仑雪菊，当地还有一种非常优良的产品，那就是和田玉枣。和田玉枣口感香甜纯正，营养丰富，特别是针对女性而言特别好，能补血养气。当地特产的昆仑玉也是极其稀有珍贵的，用这种玉做成的饰品、纪念品等是非常名贵的。

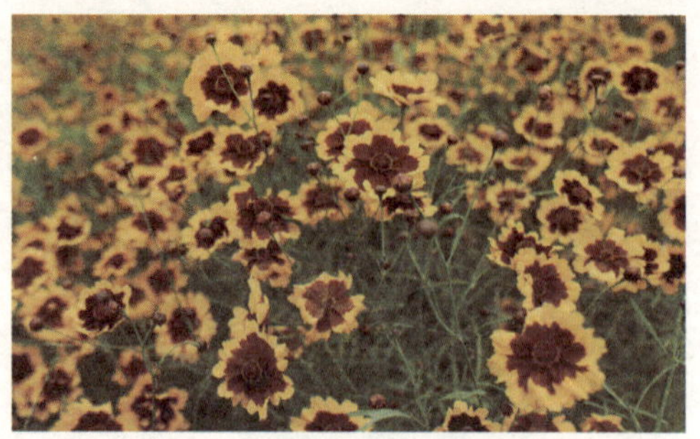
昆仑雪菊

原典

《山海经》[①]称方八百里，高万仞[②]。郭景纯[③]以为自上二千五百余里。《淮南子》[④]称高万一千里百一十四步三尺六寸。

译文

《山海经》说：昆仑山方圆八百里，高达万仞。郭景纯以为向上两千五百多里。《淮南子》记载说高一万一千里零一百一十四步三尺六寸。

注释

①《山海经》：我国古代地理名著，作者已不可考，内容包括山川、道里、鸟兽、祭祀、医巫、风俗等。

② 仞：古时八尺或七尺叫作一仞。

③ 郭景纯：郭璞，字景纯，东晋河东闻喜人，熟知五行、天文、卜筮之术。

④《淮南子》：西汉淮南王刘安及其门客撰写的杂家书，也称《淮南鸿烈》。

原典

《山海经》曰[①]：南即从极之渊也，一曰中极之渊，深三百仞，惟冯夷都焉。《括地图》曰：冯夷恒乘云车驾二龙。河水又出于阳纡、陵门之山，而注于冯逸之山。《穆天子传》曰：天子西征，至阳纡之山，河伯冯夷[②]之所都居，是惟河宗氏，天子乃沉[③]珪璧礼焉，河伯乃与天

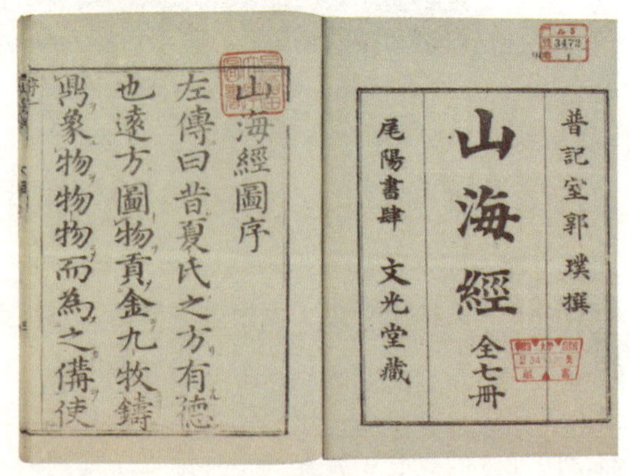
山海經圖序

左傳曰昔夏氏之方有德也遠方圖物貢金九牧鑄鼎象物物物而為之備使

普記室郭璞撰

山海經

全七冊

尾陽書肆 文光堂藏

古代版《山海经》内页

子披图视典，以观天子之宝器：玉果④、璇珠、烛银、金膏等物，皆《河图》所载。河伯以礼，穆王视图，方乃导以西迈矣。粤在伏羲，受《龙马图》于河，八卦⑤是也。故《命历序》曰：《河图》，帝王之阶，图载江河、山川、州界之分野。后尧坛于河，受《龙图》，作《握河记》。逮虞舜、夏、商，咸亦受焉。李尤《盟津铭》：洋洋河水，朝宗于海，迳自中州，《龙图》所在。《淮南子》曰：昔禹治洪水，具祷阳纡，盖于此也。高诱以为阳纡秦薮，非也。释氏《西域记》⑥曰：阿耨达太山，其上有大渊水，宫殿楼观甚大焉。山，即昆仑山也。《穆天子传》曰：天子升于昆仑，观黄帝之宫，而封丰隆之葬。丰隆⑦，雷公也。黄帝宫，即阿耨达宫也。

注释

①《山海经》曰：“南即”四句，出自《山海经·海内北经》。

②河伯冯夷：河伯和冯夷是同一个人，指传说中的黄河水神。冯夷是人名，河伯是天帝赐予他的封号。

③沉：古代祭川泽叫沉，因为要向水中投祭品，故名。

④玉果：形状像果实一样的美石。

⑤八卦：《周易》中八种具有象征意义的基本图形：乾、坤、震、巽、坎、离、艮、兑，分别象征天、地、雷、风、水、火、山、泽。八卦相传是伏羲所作。

⑥《西域记》：书名，不详。杨守敬认为是晋释道安的《西域志》。

⑦丰隆：古代神话中的雷神，即雷公。后多用作雷的代称。

译文

《山海经》说：南面就是从极渊，又叫中极渊，深三百仞，只有水神冯夷居住在那里。《括地图》说：冯夷经常乘坐云车，由两条龙驾着出行。黄河水又从阳纡山、陵门山流出，注入冯逸山中。《穆天子传》说：天子西征，到阳纡山，这是河伯冯夷居住的地方，冯夷即河宗氏，于是天子把宝玉珪璧投进水里礼祭河神，河伯才给天子打开图册典籍，让他观看天子应有的宝器，即玉果、璇珠、烛银、金膏等神物。这些都是《河图》中所记载的。河伯以礼相待，等穆王看完图后，才引导他向西行进。所谓伏羲氏受《龙马图》于大河之源，《龙马图》就是八卦。所以《命历序》说：《河图》是帝王的基础，记载着江、河、山川、州界的分野。后来尧在河边筑坛，接受《龙图》，写了《握河记》。直至虞舜、夏、商，也都接受过《龙图》。李尤的《盟津铭》说：浩浩荡荡的大河之水，终于流入大海汇成巨浪；它从中原经过，就是河伯献上《龙图》的地方。《淮南子》说：从前大禹治洪水，在阳纡祭祀祈祷，就是在这个地方。高诱以为阳纡就是秦薮，是不对的。释氏的《西域记》说：阿耨达太山，山上有大渊水，宫殿楼台观阁非常宏大。此山就是昆仑山。《穆天子传》说：天子登上昆仑山，参观黄帝之宫，为雷神丰隆墓葬封土。丰隆就是雷公。黄帝宫就是阿耨达宫。

原典

《山海经》曰：河水入渤海[①]，又出海外，西北入禹所导积石山[②]。山在陇西郡河关县西南羌中。余考[③]群书，咸言河出昆仑，重源潜发[④]，沦于蒲昌，出于海水。故《洛书》[⑤]曰：河自昆仑，出于重野[⑥]。谓此矣。迳积石而为中国河[⑦]。故成公子安[⑧]《大河赋》曰：览百川之宏壮，莫尚美于黄河；潜昆仑之峻极，出积石之嵯峨。释氏《西域记》曰：河自蒲昌，潜行地下，南出积石。而《经》文在此，似如[⑨]不比，积石宜在蒲昌海下矣。

注释

① 渤海：即蒲昌海，今新疆东南部的罗布泊。汉、唐时称为蒲昌海，又名盐泽。

② 积石山：即今阿尼玛卿山，在青海省东南部，延伸至甘肃省南部边境，为昆仑山脉中支，黄河绕流东南侧。

③ 考：考寻、考索。

④ 重源潜发：这里是说黄河从蒲昌海潜流到积石山，又重新发源。

⑤《洛书》：据说大禹治水时有神龟出于洛水，背上有裂纹，纹如文字，禹取法而作《尚书·洪范》“九畴”。

⑥ 重野：地名，不详。

⑦ 中国河：中原的河流。

⑧ 成公子安：成公绥，字子安，东郡白马人，西晋文学家，以赋得名。

⑨ 似如：好像。

译文

《山海经》中说：黄河流入渤海，又流出海外，向西北流入大禹所疏导的积石山。积石山在陇西郡河关县西南，这里是羌族人居住的地域。我考证了许多典籍，都说河水发源于昆仑，潜流入地后重新冒出，到蒲昌又隐没了，然后再从内海中流出。所以《洛书》说：河水从昆仑发源，再从重野流出，说的就是这个意思。河水流经积石就成中原的河流了。所以成公子安的《大河赋》说：总览百川的宏伟壮丽，没有任何河流可以比拟；在高峻的昆仑山底下潜流，又从耸立的积石山下重新发源。释氏的《西域记》说：河水从蒲昌海开始，潜流于地下，向南到积石山才重新流出地面。然而《水经》认为积石山位于葱岭、蒲昌海之上，这好像不符合常理，按理应在蒲昌海之下。

古代“江河”的含义

古代的地名比现代简单，黄河就称“河”，长江就称“江”。河流早期广泛的称谓是“水”，黄河称为“河水”，长江称为“江水”，《水经注》里还是这样。到后来，“河”与“江”两个专名也被人们当作河流的通名使用，如“永定河”“松花江”等。现在的“黄河”，“黄”是专名，“河”是通名。“河”与“江”，在古文中分别是黄河和长江的专名，后来成为一切河流的通名。

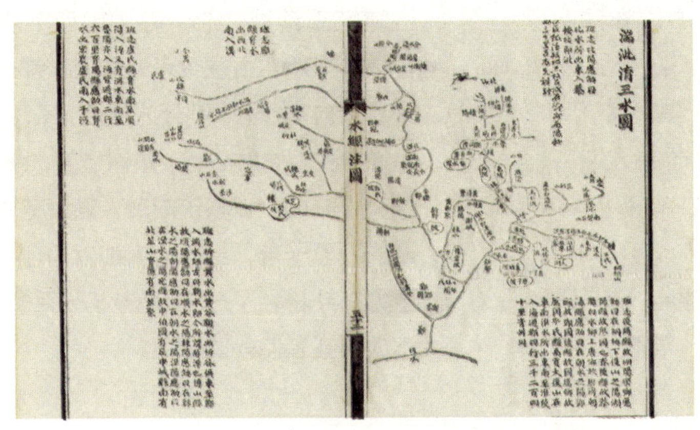

《水经注》中的水域地图

卷　二

河　水

原典

敦煌[①]索劢，字彦义，有才略，刺史毛奕表行贰师将军[②]将酒泉、敦煌兵千人，至楼兰[③]屯田。起白屋，召鄯善[④]、焉耆、龟兹三国兵各千，横断注滨河。河断之日，水奋势激；波陵冒堤。劢厉声曰：王尊建节，河堤不溢；王霸精诚，呼沱不流。水德神明，古今一也。劢躬祷祀[⑤]，水犹未减，乃列阵被杖，鼓噪讙叫[⑥]，且刺且射，大战三日，水乃回减，灌浸[⑦]沃衍，胡人称神。大田三年，积粟百万，威服外国。

注释

①敦煌：古郡名，西汉置，今甘肃省敦煌市西，辖境相当于今甘肃省疏勒河以西及以南地区。

②贰师将军：指李广利。

③楼兰：古西域国名，处于汉代通往西域的南道上，今新疆若羌县罗布泊西岸。

④鄯善：古西域国名，即古楼兰国。其国都伊循城故址在今新疆若羌县境。

⑤祷祀：有事祈求鬼神而祭祀。

⑥鼓噪讙叫：擂鼓呐喊。

⑦灌浸：灌溉。

译文

敦煌的索劢很有才能，刺史毛奕上表请求让索劢代贰师将军李广利率领酒泉、敦煌兵士千人，到楼兰屯田。索劢建造了白屋，并召集鄯善、焉耆、龟兹三国兵士各千人，兴修水利，横着截断注滨河。截断河水之日，水势涌起，河水激荡，波涛上腾，翻越堤岸。索劢厉声高叫道：王尊拥有勇敢的节操，河堤就不溢水；王霸怀着精诚之心，呼沱因而不流。水的德行神异圣明，古往今来道理应该都是一样的。索劢亲自祈祷，水势还未减弱，于是摆开阵势，手握枪棒，擂鼓呐喊，边刺边射，大战了三日，水势才减退。堤坝筑成后，灌溉范围扩展到很广的平原一带，当地胡人都以为他是神。索劢全力以赴耕种了三年，积聚了一百多万斤粮食，索劢的威名使外国慑服。

干旱的罗布泊

原典

河自蒲昌[1]，有隐沦[2]之证，并间关[3]入塞之始。自此，《经》[4]当求实致也。河水重源，又发于西塞之外，出于积石之山。《山海经》曰：积石之山，其下有石门，河水冒以西流，是山也，万物无不有。《禹贡》[5]所谓导河自积石也。

注释

①蒲昌：即蒲昌海，今新疆东南部的罗布泊。

②隐沦：潜流。

③间关：曲曲折折。

④《经》：即《水经》，当今学者认为是三国魏人所作的有关水道的专门著作，记载了当时我国境内的一百三十七道川流。

⑤《禹贡》：《尚书》中的一篇。《尚书》是我国最早的一部区域地理著作，历来被奉为我国"古今地理志之祖"。

译文

在蒲昌海黄河有一道潜流从这里开始，这是有证可考的，并且它曲曲折折地流入塞上。从这里开始，《水经》应该探求实际的情况了。黄河之水有好几个源头，又发源于西塞之外，从积石山重新流出。《山海经》说：积石山的下面有石门，黄河之水冲出石门向西流，这座山上物产非常丰富。《禹贡》所说的疏导黄河是从积石山开始的。

黄河的源头在哪里

黄河的河源在哪里？1987年，我国科学考察队经过近一年的时间考察发现，黄河位于青海的腹地。在腹地上有昆仑山、颜喀拉山、布尔汉布山；山下是盆地，有大片沼泽，是高山雪水形成的花海子，称为星宿海，但它还不是黄河的河源。后再经深入查勘，居然发现了黄河三源：一是扎曲；二是约古宗列渠；三是卡日曲。扎曲一年之中大部分时间干涸。而卡日曲最长，流域面积也最大，在旱季也不干涸，被认定是黄河的正源。

青海腹地某处的黄河源头

卷　三

河　水

原典

河水又东北历石崖山西，去北地[1]五百里，山石之上，自然[2]有文，尽若虎马之状[3]，粲然[4]成著，类似图焉，故亦谓之画石山也。

注释

① 北地：古郡名，相当于今陕西省铜川市濯州区、富平县地。

② 自然：天然。

③ 状：形状。

④ 粲然：鲜明的样子。

译文

大河从陕西省铜川市流经石崖山西边，距离石崖山北地有五百里，山上石头有天然花纹，形状像虎、马，非常鲜明，好像画师画的一样，所以此山也被人们称作“画石山”。

原典

始皇三十三年，起自临洮[1]，东暨[2]辽海，西并[3]阴山，筑长城及开南越[4]地，昼警夜作[5]，民劳怨苦，故杨泉[6]《物理论》曰：秦始皇使蒙恬[7]筑长城，死者相属[8]，民歌曰：生男慎勿举[9]，生女哺用铺[10]，不见长城下，尸骸相支拄。其冤痛如此矣。蒙恬临死曰：夫起临洮，属辽东，城堑万余里，不能不绝地脉，此固当死也。

注释

① 临洮：秦长城的西端，今甘肃省岷县。

② 暨：到。

③ 并：挨着、依傍。

④ 南越：古国名，今我国湖南省南部、两广及越南北部一带。

⑤ 昼警夜作：白天警戒，夜晚劳作。

⑥ 杨泉：晋朝人。

⑦ 蒙恬：秦始皇时的大将。秦并天下，秦始皇派遣蒙恬修筑万里长城。

⑧ 属：连接、绵延。

⑨ 举：养育、养活。

⑩ 铺：可以用来喂养孩子的食物。

译文

秦始皇三十三年，秦国从临洮开始，东到辽海，西依阴山，建造了万里长城；又开发南越，日夜劳作苦干，百姓叫苦连天。所以杨泉《物理记》说：秦始皇派蒙恬筑长城，死尸相互连接、绵延不断。民谣唱道：“生男慎勿举，生女哺用铺，不见长城下，尸骸相支拄。”可见百姓的痛苦怨恨竟到了何种地步。蒙恬临死时说：“从临洮开始，一直绵延到辽东，筑城掘壕一万多里，把地脉都弄断了，所以我本来就该死的。”

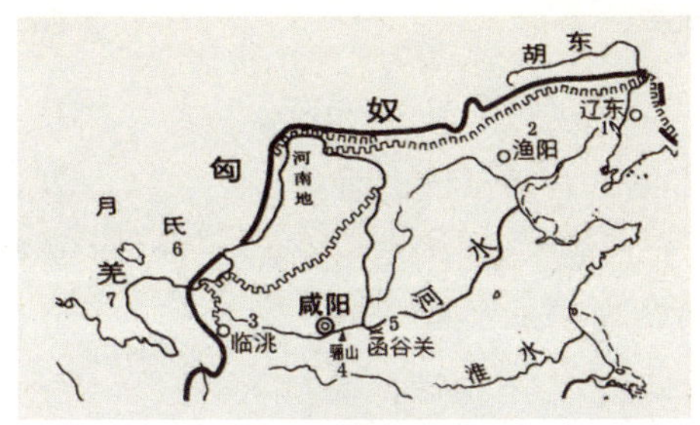

秦长城示意图

今天的万里长城

万里长城

秦始皇统一中国之后，派将军蒙恬修筑了闻名世界的万里长城。

其实，在战国时期，很多国家都修过长城，用来防御敌人入侵。秦国、赵国和燕国为了防备北方的匈奴，都修过很长的长城。

蒙恬修长城时，就利用了这些旧的长城，而且把它们全部连接起来，西边从临洮开始，东边到辽东，全长 5000 多千米，用了近十年的时间才完成这项巨大的工程。

现在秦朝的长城还有遗迹，在山西大同西北 5 千米的地方，有一段紫色土的长城，叫作“紫塞”。在甘肃岷县城西 10 千米的地方，也有秦朝长城的遗迹。现在有名的北京八达岭长城是在明朝时修建的。

山西“紫塞”

原典

《东观记》①曰：郭伋，字细侯，为并州牧，前在州，素②有恩德，老小相携道路，行部③到西河美稷，数百小儿各骑竹马④迎拜，伋问：儿曹⑤何自远来？曰：闻使君⑥到，喜，故⑦迎。伋谢而发去，诸儿复送郭⑧外。问：使君何日还⑨？伋计日告之。及还，先期⑩一日，念小儿，即止野亭，须期至乃往。

注释

①《东观记》：即《东观汉记》。

②素：平时。

③行部：巡行所管辖区域，考核政绩。

④竹马：儿童游戏时当作马骑的竹竿。

⑤儿曹：儿辈。

⑥使君：对州郡长官的尊称。

⑦故：特地。

⑧郭：外城，古代在城的外围加的一道城墙。

⑨还：回来。

⑩期：约定。

译文

《东观记》说：郭伋，字细侯，担任并州牧，以前在并州时，平时对百姓颇有恩德，老老少少在路上相携送迎，巡视到西河美稷，有几百个小孩骑着竹马来迎接礼拜，郭伋问：孩子们为什么大老远地跑来？小孩们答道：听说使君到来，十分高兴，特地来迎接。郭伋道谢后让他们回去，众小孩又送他到城外，问：使君哪一天回来？郭伋计算了一下日期，就告诉了他们。回来时，比约定的日期早了一天，想到对小孩们说的话，就停在野亭，等到约定时间才前往。

原典

赫连龙升七年，于是水之北，黑水之南，遣将作大匠①梁公叱干阿利改筑大城，名曰统万城。蒸土②加功。雉堞③虽久，崇墉④若新。

注释

①将作大匠：官名，执掌宫室、宗庙、陵寝及其他土木营建。

②蒸土：把土加热。

③雉堞：城上的土墙。

④崇墉：高耸的城墙。

译文

赫连龙升七年，在这支水的北面、黑水的南面，派将作大匠梁公叱干阿利改筑大城，名叫统万城。施工时泥土都蒸过了。城墙虽然时间久了，但高耸的城墙却仍如新的一样。

原典

故言高奴县[①]有洧水，肥[②]可爇，水上有肥，可接取用之。《博物志》[③]称酒泉延寿县南山出泉水，大如筥[④]，注地为沟，水有肥如肉汁，取著[⑤]器中，始黄后黑，如凝膏[⑥]，然[⑦]极明，与膏[⑧]无异，膏车及水碓缸甚佳，彼方人谓之石漆。水肥亦所在有之，非止高奴县洧水也。

注释

① 高奴县：古县名，秦置，今陕西省延安市东北延河北岸。

② 肥：油脂，这里指石油。

③《博物志》：西晋张华所著。

④ 筥：圆形的竹筐。

⑤ 著：放置。

⑥ 凝膏：凝固的油脂。

⑦ 然：燃烧，后来写作“燃”。

⑧ 膏：油脂，有润滑的作用。

译文

所以说高奴县有洧水，油脂可以燃烧，水上有油脂，可以捞取使用。《博物志》说：酒泉延寿县南山有泉水流出，大如竹筐，注入地上成为沟，水中有油脂好像肉汁，取来放在容器里，开始时呈黄色，后来变成黑色，好像凝固的油脂，点着了非常明亮，简直和油脂没有两样，拿来润滑车具以及水碓缸效果极好，当地人称为石漆。水中油脂也是随处可见，不只是高奴县的洧水中才有。

黄 河

革命圣地延安

古籍中提及的高奴县就位于今天的延安。延安不仅是著名的革命圣地，更有非常丰富的旅游和自然资源。

延安是我国最早发现石油的地区，位置大约在今天的延安市、延长县和安塞县东部。中国大陆第一口油井位于延长县城西石油希望小学操场，创建于1905年，是中

国陆上开发最早的油田，迄今已有100多年。延安是中国石油工业的发祥地，延长油田是中国石油工业之母。

全市境内有历史遗迹5808处、革命纪念地450处，珍藏文物近7万件。有历史文物保护景点848处，有保存完好的宋代石刻群洞18个，有石窟寺14处，有建于唐代的宝塔等12处古建筑，现存革命故居140多处。

延安风光

卷 四

河 水

原典

《淮南子》①曰：龙门②未辟，吕梁③未凿，河出孟门④之上，大溢逆流，无有丘陵，高阜灭之，名曰洪水。大禹疏通，谓之孟门。故《穆天子传》⑤曰：北登孟门，九河⑥之隥。孟门，即龙门之上口也。寔为河之巨阸，兼孟门津之名矣。此石经始禹凿，河中漱广。夹岸崇深，倾崖返捍，巨石临危，若坠复倚。古之人有言，水非石凿，而能入石，信哉！其中水流交冲，素气云浮，往来遥观者，常若雾露沾人，窥深悸魄。其水尚崩浪万寻，悬流千丈，浑洪⑦赑怒，鼓若山腾，浚波颓迭，迄于下口⑧。方知《慎子》，下龙门，流浮竹，非驷马之追也。

注释

①《淮南子》：西汉淮南王刘安和他的门客撰写的杂家书，也称《淮南鸿烈》。

② 龙门：即禹门口，今山西省河津市和陕西省韩城市之间，黄河至此，两岸峭壁对峙，形如阙门，故名。相传为禹所凿。

③ 吕梁：山名，今山西省西部，位于黄河与汾水间，主峰关帝山，位于方山县东，海拔2830米。大禹治水，凿吕梁以通黄河，即指此。

④ 孟门：古山名，今山西省吉县西黄河河道中，为水中一巨石。

⑤《穆天子传》：晋武帝司马炎咸宁五年在汲郡战国魏王古冢中出土的古书，书中有很多荒诞不经的记载。

⑥ 九河：禹时黄河的九条支流，近人多以为是古代黄河下游许多支流的总称。

⑦ 浑洪：浑浊的洪流。

⑧ 下口：河的下游出口处。

译文

《淮南子》说：龙门还没有开辟，吕梁还没有凿通时，河水从孟门上流出，泛滥的大水逆流横溢，连丘陵、高阜都淹没了，称其为洪水。大禹疏通后称之为孟门。所以《穆天子传》说：北登孟门，这是九河的阶梯。孟门，就是龙门的入口处，实际上是河上的巨险之处，兼有孟门津的名称。这里的岩石首先经过大禹开凿，又因河水冲蚀，河道逐渐变得宽广了。两岸高峻而深邃，倾斜的崖壁相倚相撑，巨石邻近危崖，好像随时就要坠落下来似的，却又相互倚拄而悬在危崖边缘。古人有言：水虽不是凿石头的凿子，却能穿透岩石，确是如此呀！这里水流交相冲激，白色的水汽好像飘浮的云雾，来来往往的遥远观看的人，常常会觉得仿佛被雾露沾湿了；如向深处俯视，更加惊心动魄。而且河水在此迸溅起万寻的浪花，千丈瀑布从高崖一泻而下，奔腾澎湃的浊流，狂暴地涌起如山的巨浪激荡腾跃，疾驰的洪波层层叠叠崩颓而下，直到下游出水口。这才理解《慎子》中所记载的：下龙门时，漂流浮竹，不是驷马所能追上的。

吕梁境内的黄河

原典

民有姓刘名堕者，宿[1]擅工酿，采挹[2]河流，酝成芳酎[3]，悬食[4]同枯枝之年，排[5]于桑落之辰，故酒得其名矣。然香醑[6]之色，清白若滫浆[7]焉，别调[8]氛氲，不与佗[9]同，兰薰[10]麝越，自成馨逸[11]。方土之贡，选最佳酌矣。自王公庶友，牵拂[12]相招者，每云：索郎[13]有顾，思同旅语。"索郎"反语为"桑落"也，更为籍征[14]之隽句、中书之英谈[15]。

注释

① 宿：总是。

② 挹：酌，用瓢舀。

③ 酎：反复多次酿成的醇酒。

④ 悬食：难解，编译者认为"悬食"二字有脱误。

⑤ 排：打开。

⑥ 醑：美酒。

⑦ 滫浆：淘米水。

⑧ 别调：另外一种风味。

⑨ 佗：同"他"，别的、其他的。

⑩ 薰：发出馨香。

⑪ 馨逸：飘逸的芳馨。

⑫ 牵拂：牵挽提携。

⑬ 索郎：即桑落的反语。有拟人的意味。

⑭ 籍征：书籍征求。

⑮ 英谈：美谈。

译文

百姓中有一个姓刘名堕的人，一向擅长酿酒，取河水后，经反复多次酿成芳香的醇酒，存放很长的时间，然后在桑叶落时打开，所以这酒的名字就叫桑落。这芬芳的美酒，色清白如米泔水，别有一种香味，与其他的酒不同，既似幽兰发出馨香，又似麝香飘散，自成一种飘逸的芳馨。选择地方特产进贡皇帝时，桑落酒当选为最好的佳酿。从王公贵族到民间百姓，朋友之间牵挽提携相互邀请时，都要说：索郎很是眷念，想让同伴们一起说说话！"索郎"二字交互反切就是"桑落"，这成为著书必用的好词，也是文人喜欢的句式。

原典

左丘明[1]《国语》云：华岳[2]本一山当河，河水过而曲行，河神巨灵[3]，手荡[4]脚蹋[5]，开而为两，今掌足之迹仍存华岩。

注释

①左丘明：相传为春秋时鲁国的史官，《国语》是否为其所作，至今尚无定论。

② 华岳：即华山，五岳之一，在陕西省东部、华阴市南，北临渭河平原，属秦岭东段。

③ 巨灵：神话传说中劈开华山的河神。

④ 荡：动摇、推荡。

⑤ 蹋：踢。

译文

左丘明的《国语》说：华岳原来是一座大山，阻挡着黄河，河水经过这里只得转一个大弯。河神巨灵，他手推脚踢，把华岳劈成两半，他的手印、足迹至今还留在华岳的岩壁上。

原典

戴延之①云：城南倚山原，北临黄河，悬水百余仞，临之者咸悚惕②焉。西北带河，水涌起方数十丈，有物居水中，父老云：铜翁仲所没处。又云：石虎③载经于此沉没，二物并存，水所以涌，所不详也。或云：翁仲头髻常出，水之涨减，恒与水齐。晋军当至，髻不复出，今惟见水异耳，嗟嗟④有声，声闻数里。按秦始皇二十六年，长狄十二见于临洮，长五丈余，以为善祥⑤，铸金人十二以象之，各重二十四万斤，坐之宫门之前，谓之金狄。皆铭⑥其胸云：皇帝二十六年，初兼天下，以为郡县，正法律，同度量⑦，大人来见临洮，身长五丈，足六尺。李斯书也。故卫恒⑧《叙篆》曰：秦之李斯，号为工篆，诸山碑及铜人铭，皆斯书也。汉自阿房⑨徙之未央宫前，俗谓之翁仲矣。地皇二年，王莽梦铜人泣，恶之，念铜人铭有皇帝初兼天下文，使尚方⑩工镌灭所梦铜人膺文。后董卓毁其九为钱。

注释

① 戴延之：戴祚，字延之，东晋小说家，著有《从刘武王西征记》《洛阳记》，俱亡佚。

② 悚惕：恐惧。

③ 石虎：羯族人，后赵石勒的侄子，字季龙。石勒死后，石虎称赵皇帝，是十六国时期有名的暴君。

④ 嗟嗟：象声词，流水的声音。

⑤ 善祥：吉祥的征兆。

⑥ 铭：雕刻。

⑦ 度量：即度量衡，计量长短、容积和轻重标准的统称。

⑧ 卫恒：晋卫瓘之子，字巨山，官至黄门郎，著名的书法家，作四体书势，并造散隶，著写《叙篆》。

⑨ 阿房：即阿房宫，秦始皇时修建的宫殿，在今陕西省西安市。

⑩ 尚方：古代制造帝王所用器物的宫署，秦置。

其在者三，魏明帝欲徙之洛阳，重不可胜[11]，至霸水西停之。《汉晋春秋》[12]曰：或言金狄泣，故留之。石虎取置邺宫，苻坚又徙之长安，毁二为钱，其一未至而苻坚乱，百姓推置陕北河中，于是金狄灭。余以为鸿河巨渎，故应[13]不为细梗蹎湍；长津硕浪，无宜[14]以微物屯[15]流。斯水之所以涛波者，盖《史记》所云：魏文侯二十六年，虢山[16]崩，壅河所致耳。

⑪ 胜：力能担任，经得起。

⑫《汉晋春秋》：晋习凿齿所著，共五十四卷，《旧唐书·经籍志》有记载。

⑬ 故应：本来应该。

⑭ 宜：应当。

⑮ 屯：堵塞。

⑯ 虢山：在今河南省陕县西。

译文

戴延之说：这座城南靠高广平坦的大山，北临黄河，瀑布一百多仞，走到边上往下看都会感到心惊肉跳。城西北有河水围绕着，河中水浪涌起几十丈高，曾有个东西沉入水中，百姓传说：这是铜翁仲沉没的地方。又说：是石虎载经的船经过这里沉没了，两样东西都在这里，水浪所以涌得这么高，但实情未知。也有人说，翁仲的头髻常常露出水面，无论河水是涨是退，都与水齐平。晋军到了这里，头髻不再露出了。现在只能看见水流有些异样罢了，水声哗哗，在几里以外都听得到。按秦始皇二十六年，有十二个狄人出现在临洮，身高五丈多，以为是吉兆，秦始皇模仿他们铸造了十二个铜人，各重二十四万斤，放置在宫门前，称为金狄。铜人胸前都刻着这样一些字：皇帝二十六年，刚刚兼并了天下，建立郡县，定正法律，统一度量衡。大人出现在临洮，身高五丈，足长六尺。文字为李斯所写。所以卫恒《叙篆》说：秦代的李斯，有擅长篆书的美称，众山石碑及铜人的铭文，都是李斯所写。汉代把这些铜人从阿房宫迁移到未央宫前，俗称翁仲。王莽地皇二年，王莽梦见铜人在哭泣，于是非常厌恶，想到铜人的铭文中有皇帝刚刚兼并天下的字样，就叫尚方官署的工匠把做梦所见到的铜人胸前的铭文凿掉。后来董卓毁掉九个铜人，把它们铸为钱币。尚存三个，魏明帝想把它们迁到洛阳，因太重无法搬运，到霸水西边就停下了。《汉晋春秋》说：有人说因金狄哭了，所以留下来。石虎搬取放置在邺宫前，苻坚又迁到长安，把两个铜人毁了铸成钱币，还有一个没有运到，苻坚就发生内乱，老百姓把铜人推进了陕县北边的河中，于是金狄全都没有了。我认为这么巨大宽广的河流，本来就不会因这么一个细小的东西而阻塞，长河巨浪也不应当因这么一个微不足道的东西而不流的。这里之所以会激起这么大的波涛，大概像《史记》所记载的那样：魏文侯二十六年，虢山崩颓，因此阻塞了黄河河道所造成的吧。

卷　五

河　水

原典

汉明帝永平十二年，议治汳渠①，上乃引②乐浪人王景问水形便，景陈利害，应对敏捷，帝甚善之，乃赐《山海经》③《河渠书》《禹贡图》及以钱帛。后作堤，发卒数十万，诏景与将作谒者④王吴治渠，筑堤防修堨⑤，起自荥阳⑥，东至千乘⑦海口，千有余里，景乃商度⑧地势，凿山开涧，防遏⑨冲要，疏决壅积，十里一水门，更相⑩回注，无复渗漏之患。明年渠成，帝亲巡行，诏滨⑪河郡国置河堤员吏，如西京⑫旧制。景由是显名，王吴及诸从事者，皆增秩一等。

译文

汉明帝永平十二年，商议治理汳渠的事情，明帝向乐浪人王景询问因地制宜的治水方法。王景陈述利弊，应答敏捷，明帝十分赏识，于是赐给他《山海经》《河渠书》《禹贡图》及钱帛。后来筑堤，发动了几十万人，下令王景与将作谒者王吴一道治渠。建筑堤岸，修筑水坝，从荥阳开始，东到千乘海口，计一千多里。王景于是斟酌地势，凿山开涧，在交通要道的形胜处修筑堤防和土堰，把淤塞处疏浚通畅，十里设一水门，使河水可交互回流，以调节水量，才不再有渗漏的祸患。次年渠成，明帝亲自巡查，下令沿河王侯属国及郡县都设置管理河堤的官吏，如西京旧制一样。王景因此扬名，王吴以及许多下属都加官一等。

注释

① 汳渠：古水名，自今河南省荥阳市东北接黄河，东南经今开封市南、民权县与商丘市北，复东南经今安徽省砀山县、萧县北，到江苏省徐州市北入泗水。

② 引：招引、召见。

③《山海经》：我国古代地理名著，内容包括山川、道里、部族、物产、祭祀、医巫、风俗等。

④ 将作谒者：官名，派往地方主管水利的官员。

⑤ 堨：遏水的土堰。

⑥ 荥阳：古郡名，三国魏置，今河南省荥阳市东北。

⑦ 千乘：古县名，西汉置，今山东省高青县。

⑧ 商度：斟酌。

⑨ 防遏：修建堤防和土堰。

⑩ 更相：交相、互相。

⑪ 滨：接近、邻近。

⑫ 西京：古都名。西汉都城为长安，东汉改都洛阳，因称洛阳为东京，长安为西京。这里指代西汉时期。

《山海经》

《山海经》是中国先秦古籍，主要记述的是古代神话、地理、物产、巫术、宗教、古史、医药、民俗、民族等方面的内容。有些学者则认为《山海经》不单是神话，而且是远古地理，包括一些海外的山川、鸟兽。《山海经》全书共18卷，其中“山经”5卷，“海经”8卷，“大荒经”4卷，“海内经”一卷，共约31 000千字。记载了100多个邦国、550座山、300条水道以及邦国山水的地理、风土物产等信息。其中《山经》所载的大部分是历代巫师、方士和祠官的踏勘记录，经长期传写编纂，多少会有所夸饰，但仍具有较高的参考价值。

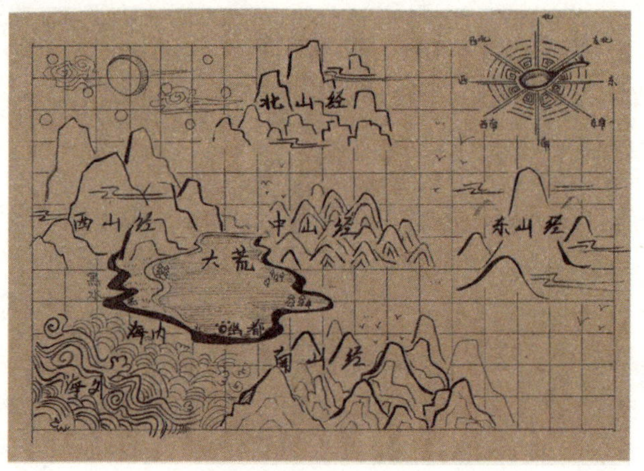

《山海经》记录的山海

原典

《风俗通》①曰：河，播②也，播为九河，自此始也。《禹贡》沇州：九河既道。谓徒骇③、太史、马颊、覆釜、胡苏、简、洁、句盘、鬲津也，同为逆河。郑玄④曰：下尾合曰逆河。言相迎受矣。

注释

①《风俗通》：一名《风俗通义》，东汉应劭著，主要收录有关古代历史、风俗礼仪、山河泽薮、怪异传闻等内容。

② 播：分散。

③ 徒骇：与太史、马颊、覆釜、胡苏、简、洁、句盘、鬲津合称九河，诸河今已不能确指，故九河地名及具体地址均不详。

④ 郑玄：东汉著名经学家，字康成，北海高密（今山东省高密市）人，自成学派，被后世称为“郑学”。

译文

《风俗通》说：河就是播，播为九河，就从此开始。《禹贡》“沇州”中记载：九河已经疏通，名为徒骇、太史、马颊、覆釜、胡苏、简、洁、句盘、鬲津，都是逆河。郑玄说：下尾汇合的叫逆河，是互相迎受的意思。

原典

粤[①]在汉世，河决金堤[②]，涿郡王尊[③]，自徐州[④]刺史迁东郡太守，河水盛溢，泛浸瓠子[⑤]，金堤决坏，尊躬率民吏，投沉白马，祈水神河伯[⑥]，亲执圭璧[⑦]，请身填堤，今庐居[⑧]其上，民吏皆走，尊立不动，而水波齐足而止。公私壮其勇节。

译文

汉代，黄河在金堤决口，涿郡人王尊，从徐州刺史调任东郡太守。河水暴涨，泛滥到瓠子，金堤被冲塌，王尊亲自率领吏民，把白马投进河里，向河伯祈祷，又亲自捧着玉圭、玉璧，要用自己的身体来填堤，搭建草棚，住在河边，吏民都逃跑了，独有王尊却站着不动，水波漫到他的脚上也就停止了。朝廷和百姓都十分称赞他勇敢的气节。

注释

① 粤：发语词，不译。

② 金堤：西起今河南省卫辉市、滑县，经今河南省濮阳市、范县，以及今山东省阳谷县，东至今山东省张秋镇东。有古金堤，相传宋时所筑，一说为东汉王景治河所修。

③ 王尊：字子赣，涿郡（今河北省涿州市）人，汉元帝时为益州刺史。

④ 徐州：汉武帝所置十三刺史部之一，辖境相当于今江苏省长江以北和山东省东南部地区。东汉治，今山东省郯城县。

⑤ 瓠子：古堤名，在今河南省濮阳市南。

⑥ 河伯：即冯夷，传说中的黄河水神。

⑦ 圭璧：古代帝王、诸侯祭祀或朝聘所用的玉器。

⑧ 庐居：搭建草庐而居住。

原典

河水又东北流迳四渎津[①]，津西侧岸临河有四渎祠，东对四渎口。河水东分济[②]，亦曰济水受河也。然荥口石门[③]水断不通，始自是出东北流，迳九里与清水[④]合，故济渎也。自河入济，自济入淮，自淮达江[⑤]，水径周通，故有“四渎”之名也。

注释

①四渎津：今山东省茌平县东南古黄河上。

②济：水名，在今山东省。

③荥口石门：杨守敬认为，此石门汉阳嘉三年立，在敖山（今河南省荥阳市）东。

④清水：济水自巨野泽北纳汶以下的别名。

⑤江：水名，即长江。

译文

黄河从东北流经四渎津，津西侧临河有四渎祠，东对四渎口。黄河向东流分出支流叫济，也说济水是由黄河给水的。然而荥口石门水断不通，才从这里流出向东北流去，经九里与清水汇合，就是以前的济渎。从黄河入济水，从济水入淮河，从淮河到长江，水道都相通，所以有“四渎”的名称。

黄　河

原典

漯水[①]又东迳汉征君伏生墓南，碑碣[②]尚存，以明经[③]为秦博士。秦坑儒士[④]，伏生隐焉。汉兴，教于齐[⑤]、鲁之间，撰《五经》[⑥]《尚书大传》，文帝安车[⑦]征之。年老不行，乃使掌故[⑧]欧阳生等受《尚书》于征君，号曰伏生者也。

译文

漯水从东流经汉征君伏生墓南边，坟墓前的刻石仍存在。伏生因通晓经书在秦代为博士，秦始皇坑儒时，他躲藏起来。西汉兴起，伏生在齐、鲁之地教书，撰写了《五经》《尚书大传》。汉文帝备安车征召伏生，因他年老不能前往，于是汉文帝派掌故欧阳生等来向他学习《尚书》，号称伏生。

注释

① 漯水：水名，在今山东省。

② 碑碣：坟墓前的刻石。碑，方形刻石。

③ 经：经书。

④ 秦坑儒士：秦始皇三十五年，因为儒生是古非今，在咸阳坑杀四百六十多人，史称“坑儒”。

⑤ 齐：古地区名，今山东省泰山以北黄河流域和胶东半岛地区。

⑥《五经》：为伏生所作，具体不详。

⑦ 安车：古代可以乘坐的小车。古车立乘，此为坐乘，故称安车。高官告老还乡或征召有重望的人，常赐乘安车。

⑧ 掌故：官名，汉置，太常属官，掌管礼乐制度等。

卷　六

汾水、浍水、涑水、文水、原公水、洞过水、晋水、湛水

原典

《十三州志》[①]曰：出武州[②]之燕京山。亦管涔之异名也。其山重阜[③]修[④]岩，有草无木，泉源导[⑤]于南麓之下，盖稚[⑥]水濛流耳。又西南，夹岸连山，联峰接势。

注释

①《十三州志》：北凉人阚骃所著。阚骃字玄阴，敦煌（今甘肃省敦煌市）人。

② 武州：东魏置，今山西省繁峙县东。

③ 阜：山。

④ 修：长、高。

⑤ 导：发源。

⑥ 稚：小。

译文

《十三州志》说：汾水源出武州的燕京山。燕京山也就是管涔的别称。这座山峰峦起伏，岩石高大，只有杂草，没有树木，泉源从南麓流出，只是细流罢了。再向西南，两岸连山，山峰绵延。

燕京山

汾 水

汾河古称“汾”，又称汾水，是黄河的第二大支流。“汾者，大也”，汾河因此而得名。汾河的源头传统认为在山西省宁武县境内管涔山脚下的雷鸣寺泉，现代考察认为在神池县太平庄乡西岭村。汾河全长 713 千米，流域面积 39 721 平方千米，在万荣县荣河镇庙前村汇入黄河。汾河支流众多，较大的如潇河、文峪河、浍河等，其中还包括许多有名的大泉水，如兰村泉、晋祠泉、洪山泉、郭庄泉、广胜寺泉、龙子祠泉和古堆泉等。

汾河在山西省的政治、历史、文化、经济地位举足轻重。汾河是山西最大的河流，被山西人称为母亲河，对山西省的历史文化有深远的影响，有许多地名（汾阳、襄汾等）、产品名（汾酒）来自汾河。

原典

后立屯农①，积粟在斯，谓之羊肠仓②。山有羊肠坂③，在晋阳④西北，石隥⑤萦行，若羊肠焉，故仓坂⑥取名矣。汉永平中，治呼沱⑦、石臼河。按司马彪⑧《后汉郡国志》，常山⑨南行唐县有石臼谷，盖资⑩承呼沱之水，转山东之漕⑪，自都虑⑫至羊肠仓，将凭汾水⑬以漕太原，用实秦⑭、晋。苦役连年，转运所经，凡三百八十九隘，死者无算⑮。拜邓训⑯为谒者，监护⑰水功。训隐括⑱知其难立，具言肃宗，肃宗从之，全活数千人。和熹邓后之立，叔父陔以为训积善所致也。

注释

① 屯农：屯田。

② 羊肠仓：东汉永平年间在此屯田积粟而建造的粮仓，今山西省交城县东北。

③ 羊肠坂：今山西省交城县东北。

④ 晋阳：古县名，秦置，今山西省太原市西南。

⑤ 石隥：石阶。

⑥ 坂：山坡、斜坡。

译文

后来在这里屯垦，积聚粮食，称为羊肠仓。山上有羊肠坂，在晋阳西北，石阶弯曲盘绕，好像羊肠似的，所以粮仓和山坡都取此名字。东汉永平年间，呼沱、石臼河得到治理。按司马彪《后汉书·郡国志》：常山南行唐县有石臼谷，大概蓄纳呼沱河的水，转运山以东的谷物，从都虑到羊肠仓，将凭汾水运谷物到太原，用来供给秦、晋。水运所经河道，共有三百八十九个险隘，连年苦役，死的人不计其数。肃宗封邓训为谒者，监护河道。邓训审度核查后知道这条水道的艰难，详细报告肃宗，要求停止运输，肃宗听从了他的报告，使几千人免于死亡。后来和帝邓熹后立为皇后，叔父邓陔认为是邓训做了好事积善的结果。

⑦呼沱：即滹沱河，在今河北省西部。

⑧司马彪：西晋史学家，字绍统，河内温县（今河南省焦作市）人，撰《续汉书》。

⑨常山：古郡名，西汉置，今河北省正定县。

⑩资：蓄积。

⑪漕：水道运输。

⑫都虑：地名，不详。

⑬汾水：水名，即汾河，源出山西省宁武县管涔山，在河津市西入黄河。

⑭秦：今陕西之地。

⑮无算：不计其数。

⑯邓训：东汉邓禹之子，字平叔。

⑰监护：监督、监管。

⑱隐括：审度核查。

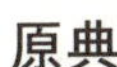

原典

冠爵津，汾津名也，在界休县[①]之西南，俗谓之雀鼠谷。数十里间道险隘，水左右悉结偏梁阁道[②]，累石就[③]路，萦带[④]岩侧，或去水一丈，或高五六尺，上戴[⑤]山阜[⑥]，下临绝涧，俗谓之为鲁般[⑦]桥，盖通古[⑧]之津隘[⑨]矣，亦在今[⑩]之地险[⑪]也。

注释

①界休县：古县名，秦置，今山西省介休市东南。

②偏梁阁道：即栈道。偏梁，邻近水边一头的木梁。

③就：成。

④萦带：缠绕。

⑤戴：顶着。

⑥山阜：山。

⑦鲁般：亦作“鲁班”，我国古代杰出的建筑工匠，姓公输，名班，被后世尊为建筑工匠的祖师。

⑧通古：整个古代。

⑨津隘：关津要隘。

⑩在今：当今。

⑪地险：险要的地方。

译文

冠爵津是汾水上的渡口名，在界休县的西南，俗称雀鼠谷。山谷有几十里深，道路非常狭隘艰险，水的左右都垒建着栈道，垒石成路，盘绕在山岩的一侧，有的离水一丈，有的高出五六尺，上顶高山，下临深涧，俗称鲁般桥，这是古代的险要渡口，在今天也算得上是险要的地方了。

原典

其水又迳安邑[①]故城南，又西流注于盐池。《地理志》[②]曰：盐池在安邑西南。许慎谓之盬。长五十一里，广七里，周百一十六里，从盐省古声[③]。吕忱曰：夙沙[④]初作煮海盐，河东盐池谓之盬。今池水东西七十里，南北十七里，紫色澄渟，潭而不流。水出石盐，自然印成，朝取夕复，终无减损。惟山水暴至，雨澍[⑤]潢潦奔泆，则盐池用耗。故公私共堨[⑥]水径，防其淫滥，谓之盐水，亦谓之为堨水。《山海经》谓之盐贩之泽也。泽南面层山，天岩云[⑦]秀[⑧]，地谷渊深，左右壁立，间不容轨，谓之石门，路出其中，名之曰径[⑨]，

注释

① 安邑：古都邑名，今山西省夏县西北禹王城。

②《地理志》：班固《汉书》中的内容，共两卷，是第一部以“地理”命名的著作，也是历代记述疆域政区的始祖。

③ 从盐省古声：从盐省形，从古得声。省形，省略形声字意符的笔画。

④ 夙沙：古部落名，今山东省胶东地区，该部落的百姓讨伐其国君，而归顺神农炎帝。

⑤ 澍：降雨。

盐池

南通上阳，北暨盐泽[10]。池西又有一池，谓之女盐泽，东西二十五里，南北二十里，在猗氏[11]故城南。成公六年，晋谋去故绛[12]，大夫曰：郇、瑕，地沃饶近盬。服虔[13]曰：土平有溉曰沃，盬，盐池也。土俗裂水沃麻，分灌川野，畦水耗竭，土自成盐，即所谓咸鹾[14]也，而味苦，号曰盐田，盐盬之名，始资是矣。本司盐都尉治，领兵千余人守之。周穆王、汉章帝并幸安邑而观盐池。故杜预[15]曰：猗氏有盐池。后罢尉司，分猗氏、安邑，置县以守之。

⑥ 堨：修筑遏水的土堰。

⑦ 云：高。

⑧ 秀：高耸。

⑨ 曰径：似为“白径”，为中条山一条南北通道，在今山西省运城市南。

⑩ 盐泽：今山西省运城市。

⑪ 猗氏：今山西省临猗县南。

⑫ 绛：古邑名，今山西省翼城县东南。

⑬ 服虔：东汉河南荥阳（今河南省荥阳市）人，字子慎，汉灵帝时官至九江太守。

⑭ 鹾：盐。

⑮ 杜预：西晋文学家，字元凯，京兆杜陵（今陕西省西安市）人，著有《春秋左氏传集解》传世。

译文

盐水经安邑故城南边，向西流注入盐池。《地理志》说：盐池在安邑西南。许慎称之为盬（盐池）。盬长五十一里，宽七里，周长一百一十六里，从盐省形，古声。吕忱说：炎帝的诸侯夙沙氏最初发明煮海盐，河东的盐池称为盬。现在池水东西长七十里，南北宽十七里，水色清澈平静，很深但不流动。水中出产石盐，是自然形成的，早上采的盐到晚上又凝结起来，一点儿也不会减少。只有山洪暴发，大雨如注，池水暴涨奔流，盐池才会因之而消耗。所以官民都协力筑堤阻断水路，防止泛滥。此水称为盐水，也称为堨水。《山海经》称之为盐贩之泽。泽南对着层层的山峦，高岩耸立，山谷深深，两边巨石壁立，中间狭窄得不能通车，称为石门，小径从其中通出，称作白径，南到上阳，北达盐泽。池的西边还有一池，称为女盐泽，东西长二十五里，南北宽二十里，在猗氏故城的西边。成公六年，晋谋划离开原来的绛邑，大夫说：郇、瑕，土地肥沃富饶，接近盬。服虔说：土平且有水可以灌溉的称沃，盬，就是盐池。当地习惯分水来浸泡麻，把水分别灌满田野，畦中的水干后，泥土中就结出盐来，叫作咸鹾，但有苦味，号称盐田，盬的名称由此而来。本是司盐都尉的治所，领兵千余人镇守此地。周穆王、汉章帝都到过安邑来看盐池。所以杜预说：猗氏有盐池。后来撤销了尉司建制，分设猗氏、安邑两县来镇守此地。

卷 七

济 水

原典

战国之世，范蠡①既雪会稽之耻，乃变姓名寓于陶②，为朱公。以陶天下之中，诸侯四通，货物之所交易也。治产致千金，富好③行德，子孙修业，遂致巨万④。故言富者，皆曰陶朱公也。

范 蠡

注释

① 范蠡：春秋时期楚三户（今河南省淅川县）人，字少伯。辅佐越王勾践灭吴，报会稽之耻。后浮海适齐，治家产数千万，自号陶朱公。

② 陶：古邑名，今山东省定陶县西北。

③ 好：喜欢。

④ 巨万：极言数目之多。

译文

战国时期，范蠡雪了会稽之耻，于是改名换姓居于陶，称为朱公。由于陶在天下的中央，能通达四方诸侯，货物都在这里交易。范蠡经商得利，富有千金，很喜欢做好事，子孙继承并发扬他的事业，他遂成为家财巨万的大富豪。所以人们谈富论贵时总会提到陶朱公。

济 水

古代，济水地位非常煊赫。《尔雅》中提到的四渎：江、河、淮、济，就是古代四条独流入海的河流。“济”指的就是济水。古皇帝祭祀名山大川，即指五岳和四渎。唐代以大淮为东渎，大江为南渎，大河为西渎，大济为北渎。今在济源市城北的济渎庙，就坐落于济水东源上，是为祭祀济渎神“清源王”而建的，占地120余亩，建设规模宏伟，它不仅是河南省现存规模最大的建筑群之一，而且是现今四渎中唯一保存较好的祭祀庙宇。

济水流域物华天宝、地杰人灵，贤相名将、文人墨客不乏其人。如司马懿、李商隐、韩愈、白居易等，都曾游观济水，留诗作证。

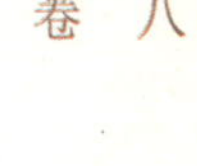

济水边上的济渎庙

卷 八

济 水

原典

济水东北至甲下邑[1]南，东历琅槐县[2]故城北，《地理风俗记》[3]曰：博昌[4]东北八十里有琅槐乡，故县也。《山海经》[5]曰：济水绝钜野[6]注渤海，入齐琅槐东北者也。又东北，河水枝津[7]注之。《水经》以为入河，非也。斯乃河水注济，非济入河，又东北入海。郭景纯[8]曰：济自荥阳[9]至乐安博昌入海。今河竭，济水仍流不绝。《经》言入河，二说并失。然河水于济、漯[10]之北，别流注海。今所辍流[11]者，惟漯水耳。郭或以为济注之，即实[12]非也。寻[13]经脉水，不如《山经》之为密矣。

注释

① 甲下邑：熊会贞认为在利津县（今山东省济南市）东南。

② 琅槐县：古县名，西汉置，今山东省广饶县东北。

③《地理风俗记》：应劭所作。应劭：字仲远，东汉学者，汝南南顿（今河南省项城市）人。

④ 博昌：古县名，汉置，今山东省博兴县南。

⑤《山海经》：我国古代地理名著，内容包括山川、道里、鸟兽、祭祀、医巫、风俗等。

⑥ 钜野：古县名，汉置，今山东省巨野县南。

⑦ 枝津：支流。

⑧ 郭景纯：郭璞，字景纯，东晋河东闻

喜（今山西省闻喜县）人，曾经注释的《尔雅》《方言》《山海经》《穆天子传》等皆流传至今。

⑨ 荥阳：古郡名，三国魏置，今河南省荥阳市东北。

⑩ 漯：水名，在今山东省。

⑪ 辍流：断流。辍，停止。

⑫ 即实：依照实际情况。

⑬ 寻：探究、寻求。

译文

济水东北流至甲下邑的南边，东流经琅槐县故城的北边，《地理风俗记》说：博昌东北八十里处有个琅槐乡，原来是个县。《山海经》说：济水穿过钜野注入渤海，注入齐国琅槐东北。又向东北流，有河水支流注入。《水经》以为注入大河，这是不对的。实际上是河水注入济水而不是济水注入河水，又向东北流注入大海。郭景纯说：济水从荥阳至乐安博昌才入海。现在河水干涸了，而济水仍奔流不绝。《水经》说注入河水，也说错了。河水在济水、漯水的北边，分流注入大海，现在断流的只有漯水，郭景纯以为济水注入，依照实际并非如此。探究经书，寻察水流，不如《山经》来得周密。

济水发源地

古济水的流向在《禹贡》中这样记载："导水东流为济，入于河，溢为荥，东出于陶邱（定陶）北，又东至于菏（菏泽），又东北会于汶，又北东入于海。"

济水发源于河南省济源市王屋山上的太乙池。源水以地下河向东潜流 70 余里，到济渎和龙潭地面涌出，形成珠（济渎）、龙（龙潭）两条河流向东，不出济源市境就交汇成一条河，叫水，至温县西北始名济水。济水流经河南、山东两省入海。随着历史的推移和地貌的变迁，济水在东汉王莽时出现旱塞，唐高宗时又通而复枯。黄河又多次改道南侵，逐渐冲入济水河床而入海。黄河下游地段以及大清河、小清河，就是原济水故道。现处于黄河岸边的山东省境内的济阳县，就是最好的明证。

相传，在远古时代，黄帝与蚩尤曾在河北作战，因蚩尤能十里吐雾，黄帝打了败仗，退到太乙池王屋山的主峰天坛山上。黄帝"清斋三日，登山至顶，于琼林台祷上帝破蚩尤。帝遂敕王母降于天坛"，"王母乃召东海青童君，召九天玄女，授破蚩尤之策。黄帝依命杀蚩尤于冀，天下乃无不克，海内安然"（杜光庭撰《天坛王屋山圣迹叙》）。从此，每年八月十五黄帝都到天坛上设坛祭天，故名曰天坛山。以后历代皇帝每年也都到天坛山设坛祭天。明清迁都北京后，皇帝嫌祭天路远，就在北京建起了天坛祭天。可见，济水的荣耀与骄傲源于它曾哺育了千秋万代的炎黄子孙。

天坛山

卷 九

清水、沁水、淇水、荡水、洹水

原典

黑山[①]在县北白鹿山[②]东，清水[③]所出也。上承诸陂散泉，积以成川。南流西南屈，瀑布乘[④]岩，悬河注壑二十余丈，雷赴之声，震动山谷。左右石壁层深，兽迹不交。隍[⑤]中散水雾合，视不见底。南峰北岭，多结[⑥]禅栖之士；东岩西谷，又是刹灵之图[⑦]。竹柏之怀，与神心[⑧]妙远[⑨]，仁智之性，共山水效深[⑩]，更为胜处也。其水历涧飞流，清泠[⑪]洞观，谓之清水矣。

注释

① 黑山：在今河南省浚县西北。

② 白鹿山：在今河南省辉县市西北。

③ 清水：清水原是黄河北岸的一条支流，后来与黄河分离，成为海河水系卫河（即南运河）的一段。

④ 乘：凌越。

⑤ 隍：本指护城的壕沟，这里指沟壑。

⑥ 结：聚集。

⑦ 刹灵之图：有旛柱的佛塔。

⑧ 神心：神灵之心。

⑨ 妙远：高远。

⑩ 效深：同深、等深。

⑪ 清泠：清凉。

译文

黑山在（修武）县北白鹿山东边，是清水的发源地。清水上流承接各陂塘散流的水，汇积成一条河川。南流再向西南转弯，瀑布从岩上凌空飞泻而下，注入二十多丈的深壑，声如奔雷，震山动谷。深壑左右石壁层层叠叠，鸟兽也难以到达此地。溪谷中水花喷溅，雾气弥漫，一片迷蒙。峰岭上栖居着不少修禅隐逸之士，岩谷间常可见到一些刹柱浮屠。在这样清幽绝俗的环境里，高洁的情怀就变得和神灵之心一样高远，仁智的天性也同高山流水一样博大渊深了，这是多么美妙的境界！这条水流经历了深山幽谷、千溪万涧，清冷明澈，所以称为清水。

清　水

清水原是黄河北岸的一条支流，东汉建安九年，曹操为了进攻北方的袁尚，在淇水入黄处以大枋木筑堰，遏淇水东入白沟，以资军运。从此，清水和淇水均称白沟，它们与黄河分离，成为海河水系卫河（即南运河）的一段。《水经》记清水的最后一句为“又东入于河”，这就是曹操开白沟以前的情况。这里同时也说明《水经》一书撰于建安九年以前。郦道元在《注》文中说：“曹公开白沟，遏水北注，方复故渎矣。”因为到了北魏时代，清水早已不注入黄河，所以《注》文作此说明。

原典

《山海经》曰：淇水①出沮洳山。水出山侧，颓波②湍注，冲激横山。山上合下开，可减③六七十步，巨石磥砢④，交积隍涧⑤，倾澜⑥漭荡，势同雷转，激水散氛⑦，曖⑧若雾合。

注释

① 淇水：即淇河，水名，在今河南省。
② 颓波：倾泻的水波。
③ 可减：大约。
④ 磥砢：多而错杂的样子。
⑤ 隍涧：沟壕溪涧。
⑥ 倾澜：倾泻的大浪。
⑦ 氛：这里指水气。
⑧ 曖：昏暗、幽暗。

译文

《山海经》说：淇水出于沮洳山，山侧有瀑布奔流而下，冲激横山。这座山上合下开，山洞长度六七十步。巨石垒垒错杂，交积溪间，倾泻的泉水激腾浩荡，声势如同奔雷，浪花飞溅，水气氤氲，仿佛云雾，迷离幽暗。

原典

洹水[①]出山，东迳殷墟[②]北。《竹书纪年》[③]曰：盘庚即位，自奄[④]迁于北蒙，曰殷。

译文

洹水出山以后，向东流经殷墟北边。《竹书纪年》说：盘庚继位，都城从奄迁到北蒙，称为殷。

安阳河风景

注释

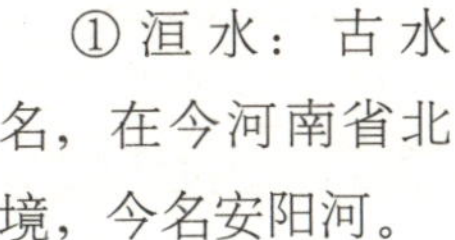

①洹水：古水名，在今河南省北境，今名安阳河。

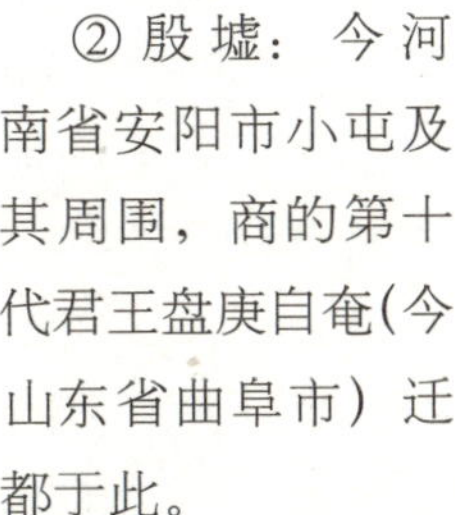

②殷墟：今河南省安阳市小屯及其周围，商的第十代君王盘庚自奄(今山东省曲阜市）迁都于此。

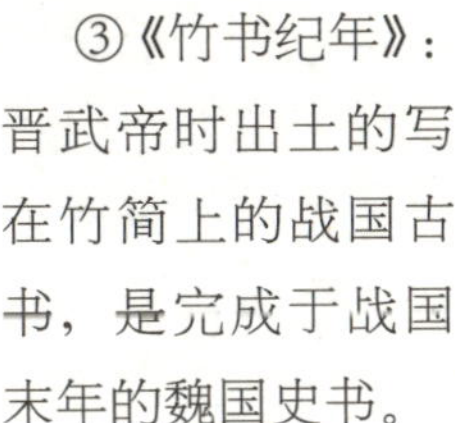

③《竹书纪年》：晋武帝时出土的写在竹简上的战国古书，是完成于战国末年的魏国史书。

④奄：古都邑名，今山东省曲阜市旧城东。

卷　十

浊漳水、清漳水

原典

魏武[①]又以郡国之旧，引漳流自城西东入，迳铜雀台[②]下，伏流入城东注，谓之长明沟也。渠水又南迳止车门[③]下，魏武封于邺为北宫，宫有文昌殿[④]。沟水南北夹道，枝流引灌，所在通溉，东出石窦堰下，注之隍水。故魏武《登台赋》曰：引长明，灌街里。谓此渠也。石氏[⑤]于文昌故殿处，造东、西太武二殿，于济北谷城之山采文

注释

①魏武：即曹操，三国魏政治家、军事家、文学家，字孟德，沛国谯县（今安徽省亳州市）人。

②铜雀台：汉末建安十五年冬，为曹操所建，在今河北省临漳县西南邺城的

石为基，一基下五百武直[⑥]宿卫。屈柱趺瓦，悉铸铜为之，金漆图饰焉。又徙长安、洛阳铜人[⑦]，置诸宫前，以华国也。城之西北有三台，皆因城为之基，巍然崇举，其高若山，建安十五年魏武所起，平坦略尽。《春秋古地》[⑧]云：葵丘，地名，今邺西三台是也。谓台已平，或更有见，意所不详。中曰铜雀台，高十丈，有屋百一间，台成，命诸子登之，并使为赋。陈思王[⑨]下笔成章，美捷当时。亦魏武望奉常王叔治之处也。昔严才[⑩]与其属攻掖门，修闻变，车马未至，便将官属步至宫门，太祖在铜雀台望见之曰：彼来者必王叔治也。相国[⑪]锺繇曰：旧京城有变，九卿各居其府，卿何来也？修曰：食其禄，焉避其难，居府虽旧，非赴难之义。时人以为美谈矣。石虎更增二丈，立一屋，连栋[⑫]接榱，弥覆其上，盘回隔之，名曰命子窟。又于屋上起五层楼，高十五丈，去地二十七丈，又作铜雀于楼巅，舒翼若飞。南则金虎台，高八丈，有屋百九间。北曰冰井台，亦高八丈，有屋百四十五间，上有冰室，室有数井，井深十五丈，藏冰及石墨焉。石墨可书，又燃之难尽，亦谓之石炭。又有粟窖及盐窖，以备不虞[⑬]。今窖上犹有石铭存焉。左思《魏都赋》曰：三台列峙[⑭]而峥嵘者也。城有七门：南曰凤阳门，中曰中阳门，次曰广阳门，东曰建春门，北曰广德门，次曰西北角。

③ 止车门：在文昌殿前正对着的端门周围。

④ 文昌殿：曹操用于朝会宾客、宴请四方的场所。

⑤ 石氏：这里指石虎，是十六国时期有名的暴君。

⑥ 武直：禁卫宫殿的值班武士。

⑦ 铜人：即铜翁仲。传说秦始皇初兼天下，有长人出现在临洮，其长五丈，足迹六尺，仿写其形，铸金人以像之，称为“翁仲”。

⑧《春秋古地》：杨守敬认为当是晋人京相璠的《春秋土地名》，共三卷。

⑨ 陈思王：曹植，字子建，曹操第三子，曹丕同母弟。封陈王，谥号思，后世习称为陈思王，是当时最负盛名的作家之一。

⑩ 严才：三国魏时人。其余不详。

⑪ 相国：古官名，春秋、战国时，诸侯国设相，称为相国，为百官之长，秦及汉初，位尊于丞相，后为宰相的尊称。

电视剧中的铜雀台

厩门，西曰金明门，一曰白门。凤阳门三台洞开，高三十五丈，石氏作层观架其上，置铜凤，头高一丈六尺。东城上，石氏立东明观，观上加金博山，谓之“锵天”。北城上有齐斗楼，超出群榭⑮，孤高特立。其城东西七里，南北五里，饰表以砖。百步一楼，凡诸宫殿、门台、隅雉，皆加观榭。层甍⑯反宇，飞檐拂云，图以丹青，色以轻素。当其全盛之时，去邺六七十里，远望苕亭，巍若仙居。魏因汉祚⑰，复都洛阳，以谯为先人本国，许昌为汉之所居，长安为西京之遗迹，邺为王业之本基，故号五都也。

⑫栋：脊檩、正梁。

⑬不虞：不测、意料不到的事。

⑭峙：耸立、屹立。

⑮榭：建在高台上的木屋。

⑯层甍：高楼的屋脊。

⑰祚：帝位。

译文

魏武帝又凭借此处郡国的旧地，引漳水从城西向东流入，流经铜雀台下，暗流入城中往东流去，叫作长明沟。渠水从南流经止车门下，魏武帝封于邺建造北宫，宫中有文昌殿。沟水南北夹道，导引支流可供灌溉，因此四处都得以灌溉，东出石窦堰之下，注入护城河。所以魏武《登台赋》说：引长明沟之水，来灌注街里。说的就是这条渠。石虎在文昌殿故址处，建造东、西太武殿，在济水以北的谷城山上采文石为殿基，每座殿基下有五百名武士值班宿卫。弯曲的柱子和屋瓦都用铜铸成，并用金漆绘画装饰。又把长安、洛阳的铜人移来放在两殿之前，以增国光。城西北有三座台，都是借城墙为基础的，所以巍峨高峻，好像山一样。这是汉献帝建安十五年魏武帝建造的，现在变得十分平坦，以前的巍峨丧失殆尽。《春秋古地》说：葵丘是地名，就是现在的邺西三台。有人说台已平，或另有所见，详情不知。中间一座叫铜雀台，高十丈，有房屋一百零一间，建成后，魏武帝叫儿子们登台作赋。陈思王曹子建下笔成章，速度快写得又美，被时人称赞。这也是魏武帝望奉常王叔治的地方。从前严才与其部属攻打掖门，王修听到有变故，车马未到，就率领官属步行到宫门，魏武帝在铜雀台上望见，说：来的那个人一定是王叔治。相国锺繇说：按惯例，京城有变故，九卿各守在自己的官府，你为什么到这里来呢？王修说：享用人家的俸禄，有祸时怎能逃避呢？守在官府中虽是惯例，但不是赴国之难的大义。时人以为美谈。石虎再增高两丈，造了一座房屋，连栋接椽，把台全都盖住，曲折盘回地隔开，取名为命子窟。又在屋上建造五层楼，高十五丈，离地二十七丈，在楼顶上造了一只铜雀，展开翅膀，像是在飞翔的样子。南边有金虎台，高八丈，有房屋一百零九间；北边称冰井台，也高八丈，有房屋一百四十五间，上有冰室，每室中有几口井，每口井深十五丈，井中藏冰及石墨。石墨可以写字，点燃了不容易烧完，也称为石炭。还有粮食窖及盐窖，以备不测。

至今窖上还有石刻留存。左思《魏都赋》说：三座台成排高高耸立。城墙开七座门：南边的叫凤阳门，中间的叫中阳门，其次叫广阳门，东边的叫建春门，北边的叫广德门，其次叫厩门，西边的叫金明门，又叫白门。凤阳门三座台都洞开着，高三十五丈，石虎在城门上增筑了四层楼，并放置了一只铜凤，凤头高一丈六尺。东边城上，石虎又筑东明观，在这座城楼上加建了镀金的博山香炉，称之为“锵天”。北城上有齐斗楼，比其他的台榭都要高，独自高耸着。此城东西七里、南北五里，表面都用砖装饰。百步一楼，所有的宫殿、门台、女墙都加建台榭。高楼的屋脊、仰起的瓦头、飞举的屋檐高耸入云，素色作底，画上丹青。在那全盛之时，离邺城六七十里，远远就看得见凌霄的亭台观阁高耸有如仙宫。曹魏继汉而立，又以洛阳为都城，以为谯是祖先的本国，许昌是汉代所居之地，长安是西京遗迹，邺城是帝王事业的根本，所以号称五都。

原典

漳水①又北迳祭陌②西，战国之世，俗巫③为河伯取妇，祭于此陌。魏文侯④时，西门豹⑤为邺令，约诸三老⑥曰：为河伯娶妇，幸来告知，吾欲送女。皆曰：诺。至时，三老、廷掾⑦赋敛⑧百姓，取钱百万，巫觋行里中，有好女者，祝⑨当为河伯妇，以钱三万聘女，沐浴脂粉如嫁状。豹往会之，三老、巫、掾与民咸集赴观。巫妪年七十，从⑩十女弟子。豹呼妇视之，以为非妙，令巫妪入报河伯，投巫于河中。有顷⑪，曰：何久也？又令三弟子及三老入白⑫，并投于河。豹磬折⑬曰：三老不来，奈何？复欲使廷掾、豪长⑭趣⑮之，皆叩头流血，乞不为河伯取妇。淫祀⑯虽断，地留祭陌之称焉。

注释

① 漳水：水名，发源于山西省，流入卫河。

② 祭陌：今河北省临漳县西。

③ 巫：巫师。下文的巫觋是男巫师，巫妪是老巫婆。

④ 魏文侯：战国魏人，名斯（《史记》作都），周威烈王时与韩、赵列为诸侯。

⑤ 西门豹：战国魏文侯时为邺令。

⑥ 三老：古代掌教化之官。

⑦ 廷掾：县令的属吏。

⑧ 赋敛：征收赋税。

⑨ 祝：祝祷。

⑩ 从：使跟随、使侍从。

⑪ 有顷：不久、一会儿。

⑫ 白：禀告。

⑬ 磬折：弯腰，表示谦恭。

⑭ 豪长：乡豪里长。

⑮ 趣：前往。

⑯ 淫祀：不合礼制的祭祀。

译文

漳水又北流经祭陌西边，战国时，当地有巫师为河伯娶妇的风俗，在陌上祭祀。魏文侯时，西门豹担任邺令，与三老们相约道：为河伯娶妇时，希望你们来告诉我，我也要送给他女子。三老都说：好的。河伯娶妇的时间到了，三老、廷掾向百姓征收赋税，聚集钱财至百万，男巫师巡视乡里之中，看到漂亮的女子，就祝祷说应作为河伯之妇，用三万钱为聘金，让其沐浴并涂上脂粉妆扮得好像要出嫁的样子。西门豹前往会见他们，三老、巫师、廷掾与百姓也都聚集赶去观看。老巫婆已有七十岁，后边跟着十个女弟子。西门豹把新妇叫出来看了看，认为不够漂亮，叫老巫婆到河里去告诉河伯，就把老巫婆投入河中，过了一会儿，他说：为什么这么长时间不回来呢？又叫三个弟子及三老到河里去告诉河伯，把他们都投入河里。西门豹弯着腰恭恭敬敬地说：三老也不回来了，这怎么办呢？又想叫廷掾、豪长前往，豪长、廷掾都伏在地上叩头直到流血，请求不再为河伯娶妇了。这种荒唐的祭祀仪式现在虽然已断绝，然而这里却留下祭陌的名称。

浊漳水

浊漳水今称浊漳河，实际上是漳河上游河段的名称。此河从今山西省南部，向南流经黎城、潞城、平顺等市县，至河南省林县附近汇合清漳河，称为漳河，全长不过200千米，是海河水系五大支流之一子牙河的上源。此篇中提及的如滏水（今称滏阳河）、隅（湡）水、泜水等，也都是子牙河上游的支流。

卷十一

易水、滱水

原典

濡水[①]又东南迳樊於期馆西，是其授首于荆轲处也。濡水又东南流迳荆轲馆[②]北，昔燕丹纳田生[③]之言，尊轲上卿[④]，馆之于此。二馆之城，涧曲泉清，山高林茂，风烟披薄[⑤]，触[⑥]可栖情，方外之士，尚凭依旧居，取畅林木。

译文

濡水从东南流经樊於期馆西边，这是他把头颅交给荆轲的地方。濡水从东南流经荆轲馆北，太子丹采纳田光的意见，尊荆轲为上卿，曾在这里设馆安置他。这两个馆所在的城中，有曲涧清泉、高山茂林，轻风吹拂，烟雾缥缈，到处都可寄托情怀，那些超脱红尘的人，尚且凭依旧居，寄情林木以畅怀。

注释

① 濡水：源出今河北省易县西北，向东汇合南易水注入拒马河的北易水。

② 荆轲馆：今河北省易县西南。

③ 田生：田光，战国燕处士，为太子丹谋划刺秦王政之事。

④ 上卿：古官名，周制天子及诸侯皆有卿，分上、中、下三等，最尊贵者谓“上卿”。

⑤ 披薄：弥漫。

⑥ 触：到处。

原典

阚骃[①]称太子丹遣荆轲刺秦王，与宾客知谋者，祖道[②]于易水上。《燕丹子》[③]称，荆轲入秦，太子与知谋者，皆素衣冠[④]送之于易水之上，荆轲起为寿[⑤]，歌曰：“风萧萧兮易水寒，壮士一去兮不复还。”高渐离[⑥]击筑，宋如意和[⑦]之，为壮声，士发皆冲冠；为哀声，士皆流涕。疑于此也。

注释

① 阚骃：北凉人，字玄阴，敦煌（今甘肃省敦煌市）人。

② 祖道：古代为出行者祭祀路神，并饮宴饯行。

③《燕丹子》：《隋书·经籍志》“小说”部始著录，一卷。

④ 素衣冠：穿着白色衣服，戴着白色帽子。

⑤ 为寿：祝寿、祝福，多指奉酒祝人长寿。

⑥ 高渐离：战国燕人，善击筑。以筑扑秦王政，不中，被杀。

⑦ 和：和谐地跟着唱。

译文

阚骃说：太子丹派遣荆轲刺秦王，与宾客中知此密谋的人，在易水上祭祀并饯行。《燕丹子》说：荆轲即将进入秦国，太子丹及知谋者，都白衣白冠送到易水边上，荆轲起身祝酒，唱道：“风萧萧兮易水寒，壮士一去兮不复还。”高渐离击筑，宋如意和之，奏慷慨壮烈之音时，送行者都怒发冲冠；再奏悲伤哀愁之曲时，众人热泪纵横。这事可能就发生在这里。

荆轲刺秦

荆轲刺秦王

燕国的太子姬丹原来留在秦国当人质，见秦王兼并列国，又夺去了燕国的土地，就偷偷地逃回燕国。他恨透了秦国，一心要替燕国报仇。但他既不操练兵马，也不打算联络诸侯共同抗秦，却把燕国的命运寄托在刺客身上。他把家产全拿出来，找寻能刺杀秦王政的人。

后来，太子丹物色到一个很有本领和勇气的勇士，名叫荆轲。公元前230年，秦国灭了韩国；过了两年，秦国大将王翦占领了赵国都城邯郸，一直向北进军，逼近了燕国。太子丹十分焦急，就去找荆轲，要他去刺杀秦王。荆轲说："秦国将军樊於期现在流亡在燕国，秦王正在悬赏通缉他。我要是能拿着樊将军的头和督亢的地图去献给秦王，他一定会接见我。这样，我就可以对付他了。"

荆轲知道太子丹心里不忍，就私下去找樊於期，对樊於期说："我决定去行刺秦王，怕的就是见不到秦王的面。现在秦王正在悬赏通缉你，如果我能够将你的头颅献给他，他准能接见我。"樊於期说："好，你就拿去吧！"说着，就拔出宝剑自刎了。

太子丹事前准备了一把用毒药煮炼过的匕首，他把这把匕首送给荆轲，作为行刺的武器。公元前227年，荆轲从燕国出发去咸阳，太子丹和少数宾客穿上白衣白帽，到易水边送别。

荆轲到了咸阳，刺杀秦王的计划失败了，被秦王杀死。

卷十二

圣水、巨马水

原典

涞水[①]又北迳小黉东，又东迳大黉[②]南，盖霍原[③]隐居教授处也。徐广[④]云：原隐居广阳山[⑤]，教授数千人，为王浚[⑥]所害，虽千古世悬，犹表一黉之称。既无碑颂，竟不知定[⑦]谁居也。

注释

① 涞水：古水名，即今拒马河，在今河北省西部。

② 大黉：今河北省涞水县。

③ 霍原：晋燕国广阳（今北京市）人，字休明，山居积年，门徒数百。

④ 徐广：东晋学者，字野民，东莞姑幕（今江苏省常州市东南）人。

⑤ 广阳山：《日下旧闻考》引《名胜志》：原大房山（今北京市房山区）南，晋霍原隐居处。

⑥ 王浚：晋散骑常侍王沉之子，字彭祖，附贾后，与孙虑合谋害愍怀太子。

⑦ 定：究竟。

译文

涞水从北流经小黉东边，从东经大黉南边，这是霍原隐居教学的地方。徐广说：霍原隐居广阳山，教授数千人，被王浚所害，虽然相隔的时代久远，尚有二黉（学校）的称呼。但没有碑石，不知道究竟是谁的居处。

原典

巨马水[①]又东，郦亭沟水[②]注之。水上承督亢沟水[③]于遒县东，东南流，历紫渊[④]东。余六世祖乐浪[⑤]府君，自涿[⑥]之先贤乡爰[⑦]宅其阴[⑧]，西带巨川，东翼[⑨]兹水，枝流津通，缠络[⑩]墟圃，匪直[⑪]田渔之赡可怀，信[⑫]为游神[⑬]之胜处也。其水东南流，又名之为郦亭沟。

译文

巨马水从东流出，有郦亭沟水注入。郦亭沟水上口在遒县东边，承接督亢沟水，向东南流，经紫渊东面。我的六世祖是乐浪郡的太守，从涿郡的先贤乡迁居到这里，于是就住在水南，西面环绕着巨马大河，东面分列着这沟水，支流贯通，缠绕田园，不仅有丰富的农产品和水产品令人怀恋，实在也是遨游嬉娱的佳境。这支东南水流，又名为郦亭沟。

注释

① 巨马水：今称拒马河，在今河北省西部，流经郦道元家乡郦亭沟。

② 郦亭沟水：拒马河的支流。

③ 督亢沟水：拒马河的支流，流经今北京市房山区以及河北省涿州市、固安县、高碑店市入白沟河。

④ 紫渊：今河北省涿州市西南。

⑤ 乐浪：郡名，汉武帝时置，今朝鲜平壤市。

⑥ 涿：今河北省涿州市。

⑦ 爰：助词，无义。

⑧ 阴：山北水南为阴。

⑨ 翼：分列左右。

⑩ 缠络：缠绕、环绕。

⑪ 匪直：不只是、不仅仅。

⑫ 信：的确、实在。

⑬ 游神：游玩嬉娱。

拒马河

圣水是今拒马河的支流，但当今是哪条河已经无法考实。有的认为是白沟河，却也并无确证。因为历史上这个地区河流交错，海河水系的支流很多，而且常有变迁，北魏距今一千多年，所以很难落实。巨马水今称拒马河，发源于河北省涞源县以西的山西省境内，上游分南、北两支，由于此河流经郦道元家乡，所以《水经注》中写得特别细致。涿州市为了纪念郦道元，于 1995 年在此河流域的郦道元村修建了一座郦道元纪念馆。

郦道元纪念馆

卷十三

漯　水

原典

桑干枝水①又东流，长津委②浪，通结两湖，东湖西浦③，渊潭相接，水至清深，晨凫④夕雁，泛滥其上，黛甲素鳞⑤，潜跃其下。俯仰⑥池潭，意深鱼鸟⑦，所寡⑧惟良木耳。

注释

① 桑干枝水：今称黄水河，发源于山西省朔州市南，至应县西北入桑干河。

② 委：弯曲、曲折。

③ 浦：这里指湖泊。

④ 凫：野鸭。

⑤ 黛甲素鳞：代指鱼鳖等水族。

⑥ 俯仰：本指低头和抬头，这里代指“观望”。

⑦ 意深鱼鸟：寄深意于鱼鸟，物我交融。

⑧ 寡：少。

译文

桑干支水从东流，长河巨流连通两湖泊，东湖和西浦一水相连，潭水极清且深，早晚有凫雁在湖上浮游，青甲白鳞潜游于水下。观望池潭，寄深意于鱼鸟，物我交融，美中不足的只是缺少美木而已。

原典

魏天兴二年，迁都于此。太和十六年，破安昌诸殿[①]，造太极殿，东、西堂及朝堂，夹建象魏[②]，乾元、中阳、端门、东西二掖门，云龙、神虎、中华诸门，皆饰以观阁[③]。东堂东接太和殿，殿之东阶下有一碑，太和中立，石是洛阳八风谷之缁石也。太和殿之东北，接紫宫寺，南对承贤门，门南即皇信堂，堂之四周，图古圣、忠臣、烈士之容，刊题其侧。是辩章郎[④]彭城张僧达、乐安蒋少游笔。堂南对白台，台甚高广，台基四周列壁，阁道自内而升，国之图箓秘籍，悉积其下。台西即朱明阁，直侍[⑤]之官，出入所由也。其水夹御路，南流迳蓬台西。魏神瑞三年，又建白楼，楼甚高竦，加观榭于其上，表里饰以石粉，皜曜建素，赭[⑥]白绮分，故世谓之白楼也。后置大鼓于其上，晨昏伐以千椎，为城里诸门启闭之候[⑦]，谓之戒晨鼓也。又南迳皇舅寺西，是太师[⑧]昌黎王冯晋国所造，有五层浮图，其神图像皆合青石为之，加以金银火齐[⑨]，众彩之上，炜炜有精光。又南迳永宁七级浮图[⑩]西，其制甚妙，工在寡双。又南，远出郊郭，弱柳荫街，丝杨被[⑪]浦，公私引裂，用[⑫]周园溉，长塘曲池，所在布濩，故不可得而论[⑬]也。一水南迳白登山西，服虔[⑭]曰："白登，台名也，去平城七里。"如淳[⑮]曰："平城旁之高城若丘陵矣。"今平城东十七里有台，即白登台也。台南对冈阜，即白登山也。

注释

① 安昌诸殿：北魏孝文帝太和年间所建造的宫殿。

② 象魏：古代天子、诸侯宫门外的一对高建筑，亦称"阙"或"观"。

③ 观阁：楼阁。

④ 辩章郎：官名。

⑤ 直侍：侍从皇帝左右。直，当值。

⑥ 赭：红褐色。

⑦ 候：征候。

⑧ 太师：古三公之最尊者，为辅佐国君之官。

⑨ 火齐：玫瑰宝珠。一说是琉璃的别名。

⑩ 永宁七级浮图：即永宁寺，在今山西省大同市。

⑪ 被：覆盖。

⑫ 用：以。

⑬ 不可得而论：不能够说出来，这里指多得数不胜数。

⑭ 服虔：东汉河南荥阳（今河南省荥阳市）人，字子慎，汉灵帝时官至九江太守。

⑮ 如淳：三国魏冯翊（今陕西省大荔县）人，注《汉书》。

译文

北魏天兴二年迁都于此，太和十六年，拆了安昌诸殿，建造了太极殿和东、西堂及朝堂，又造了宫门外一对观阙，乾元、中阳、端门、东西两掖门，以及云龙、神虎、中华诸门，都建了楼阁。东堂东接太和殿，殿的东阶下有一碑，是太和年间立的，石料是洛阳八风谷的黑石。太和殿的东北面，紧临紫宫寺，南面对着承贤门，门的南面就是皇信堂，堂的四周，画着古代圣贤、忠臣、烈士的肖像，旁边刻有题词，这是辩章郎彭城张僧达、乐安蒋少游的手笔。堂南对着白台，白台非常高大宽广，台基四边都是石壁，有阁道从里面升起，国家的图书秘籍都积聚在这下面。台西就是朱明阁，这是轮值官员出入所经之路。如浑水夹着御道，向南流经蓬台西边。北魏神瑞三年，又建造白楼，此楼很高，楼上又增建观榭，内外都刷上石粉，洁白照眼，如挂了丝帛似的，红柱白墙，色泽鲜艳夺目，所以世人称其为白楼。后来把大鼓放在楼上，清晨和傍晚用千椎敲打，作为城内各门开关的信号，称为戒晨鼓。如浑水从南流经皇舅寺西边，这是太师昌黎王冯晋国所造，有五层的宝塔，神像都用青石拼合而成，加以金、银、宝珠镶嵌，五彩斑斓、闪闪发光。如浑水又从南流经永宁七级宝塔的西边，宝塔的规模设计都极巧妙，其精妙可说是举世无双。如浑水向南，远远流出城郊，柳条荫街，杨枝拂波，官府和百姓都引用河水来灌溉四周的田园，长塘曲池，数不胜数。另一支水从南流经白登山西边，服虔说：“白登是台名，离平城七里。”如淳说：“白登是平城旁边的高城，样子就像丘陵。”现在平城东边七十里有台，就是白登台。台南对着山冈，就是白登山。

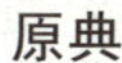

原典

其水又迳宁先宫东，献文帝之为太上皇，所居故宫矣。宫之东次，下有两石柱，是石虎[①]邺城东门石桥柱也。按柱勒，赵建武中造，以其石作[②]工妙，徙之于此。余为尚书祠部，与宜都王穆罴[③]同拜北郊，亲所经见，柱侧悉镂云矩，上作蟠螭[④]，甚有形势，信为工巧，去子丹碑则远矣。其水又南迳平城县[⑤]故城东，司州代尹治。皇都洛阳，以为恒州[⑥]。水左有大道坛庙，始光二年，少室道士寇谦之所议建也。兼诸岳庙碑，

注释

① 石虎：羯族人，十六国时期有名的暴君。

② 作：制作。

③ 穆罴：北魏人，与郦道元同时期，袭兄爵为宜都王。

④ 蟠螭：盘绕的螭龙。螭，古代传说中一种无角的龙。

⑤ 平城县：今山西省大同市东。

⑥ 恒州：即司州，今山西省大同市。北魏本置司州于平城，后迁都洛阳，改洛州为司州，改司州为恒州。

亦多所署立。其庙阶三成[⑦]，四周栏槛，上阶之上，以木为圆基，令互相枝梧，以版砌其上，栏陛承阿，上圆制如明堂[⑧]，而专室四户，室内有神坐，坐右列玉磬。皇舆亲降，受箓[⑨]灵坛，号曰天师，宣扬道式，暂重当时。坛之东北，旧有静轮宫，魏神䴥[⑩]四年造，抑亦柏梁之流也。台榭高广，超出云间，欲令上延[⑪]霄客，下绝嚣浮。太平真君十一年，又毁之。物不停固，白登亦继褫[⑫]矣。水右有三层浮图，真容鹫架，悉结石也。装制丽质，亦尽美善也。东郭外，太和中阉人[⑬]宕昌公钳耳庆时，立祇洹舍于东皋，椽瓦梁栋，台壁棂陛，尊容圣像，及床坐轩帐，悉青石也。图制可观，所恨惟列壁合石，疏而不密。庭中有祇洹碑，碑题[⑭]大篆，非佳耳。然京邑帝里，佛法丰盛，神图妙塔，桀跱相望，法轮东转，兹为上矣。其水自北苑南出，历京城内，河干两湄，太和十年累石结岸，夹塘之上，杂树交荫，郭南结两石桥，横水为梁。又南迳藉田[⑮]及药圃西、明堂东。明堂上圆下方，四周十二堂九室，而不为重隅也。室外柱内，绮井之下，施机轮，饰缥碧[⑯]，仰象天状，画北道之宿焉，盖天也。每月随斗所建之辰，转应天道，此之异古也。加灵台于其上，下则引水为辟雍，水侧结石为塘，事准[⑰]古制，是太和中之所经建也。

⑦ 成：层。

⑧ 明堂：古代帝王宣明政教之地。凡朝会、祭祀、赏庆、选士等大典都在此举行。

⑨ 受箓：接受上天传授的神秘文书。

⑩ 神䴥：北魏太武帝拓跋焘的年号。

⑪ 延：接待。

⑫ 褫：毁掉。

⑬ 阉人：宦官。

⑭ 碑题：碑额。

⑮ 藉田：古代天子、诸侯借用民力耕种的田地。

⑯ 缥碧：浅青色的碧玉。

⑰ 准：依照。

盘龙石柱

译文

这支水又流经宁先宫东边，这是献文帝做太上皇时所住的宫室。宫殿东边，下面有两个大石柱，原是石虎邺城东门的石桥柱。考求柱上所刻，是后赵石虎建武年间造，因石柱雕刻极为精妙，所以移来放在这里。我供职尚书祠部时，与宜都王穆罴同到北郊祭祀天地，亲眼看到柱侧都雕着云纹，柱上雕了蟠龙，气势恢宏，确是非常精致巧妙，但与子丹碑相比则相差甚远。这支水从南流经平城县故城东边，这是司州代尹的治所，迁都洛阳后改为恒州。水左边有大道坛庙，是始光二年少室山的道士寇谦之建议修造的。诸岳的庙碑，大都也是他所部署设立。庙阶有三层，四周有栏杆，上层庙阶上面用木料制成圆基，使木料互相勾连支撑，再将木板铺在上面，栏杆与阶石的承接转角处，也做成圆形，格局好像明堂正殿，专室之中有四扇门，室内有神像宝座，座右放着玉磬。皇帝亲临时，在这灵坛上接受上天传授的神秘符箓，并尊寇谦之为天师，让他宣扬道教教义，权重当时。坛东北面，旧有静轮宫，北魏神麚四年建造，也是汉时的柏梁台之类。台榭高大，矗立云间，在它上面似乎可以迎接霄外仙客，下面则与尘寰的扰攘相隔绝。太平真君十一年拆毁了此宫。世上的事物都是在不断地变化的，白登台也荡然无存了。水右边有三层宝塔，佛像和佛座都用石块雕砌。制作装饰的富丽程度，也可算是尽善尽美了。东郭外，太和年间宦官宕昌公钳耳庆时，在东边山冈上建立了佛寺，椽瓦梁栋、台壁栏阶以及佛像、佛座以至床帐都用青石雕制，格局气魄极为可观。只是四壁用大石拼合，尚嫌粗陋，不够紧密。庭中有祇洹碑，用大篆题额，也写得不好。但在京城里，佛法盛行，宝塔高耸对峙，佛教东传到中国，这样的建筑也可说是上流的了。如浑水从北苑向南流出，经京城内，河边两岸在太和十年用石块砌筑，两岸河塘之上，杂树绿荫交错，城南有两座石桥，横架在水上。如浑水从南流经天子亲耕的藉田及药圃西边、明堂东边。明堂上圆下方，四周有十二堂九室，但没有建双重的屋角。室外的柱内，藻井之下，装着机械转轮，装饰有淡青色的碧玉，仰看如天空一样，画着北道的星宿，每月随北斗所指的时日与天象相应而旋转，就像真的天宇一样，这是与古来相异的地方。又在明堂上加建灵台，在下面引水环绕，建成太学，水边用石块砌成池塘，格局都按照古制布设，这些都是太和年间建造的。

原典

自下亦通谓之于延水①矣。水侧有桑林，故时人亦谓是水为藪桑河②也。斯乃北土寡桑，至此见之，因以名焉。

注释

① 于延水：今山西省北部。

② 藪桑河：即于延水。

译文

从这里以下就通称于延水了。水边有桑林，所以时人亦称这条河为藂桑河。这是因为北方少有桑树，看见这里有，就用它来命名了。

漯 水

漯水不同于漯水，但在《水经注》的不同版本中也有作“湿水”的。此水发源于今山西省宁武县以南的管涔山，即《注》文所说的累头山，发源处今名阴方口。从山西流入河北，上游今名桑干河，流经近代修造的官厅水库，下游称为永定河，是海河水系的五大支流之一。

但《水经注》时代的漯水与今永定河的河道并不完全一致。《注》文记叙的河道，在今永定河河道以北，从东南流至渔阳郡雍奴县西（今天津市武清区附近）注入潞河（《经》文称笥沟，是潞河的别名），也就是今北运河。永定河全长近六百千米，是海河的一条较大的支流，但《水经注》以它发源时的一条小河漯水作为篇名，而且为一条小河而单独立卷，这无疑是因为此水流经北魏故都平城（今山西省大同市郊）的缘故。

北京官厅水库

官厅水库下游的永定河段

卷十四

湿余水、沽河、鲍邱水、濡水、大辽水、小辽水、浿水

原典

关在沮阳城[①]东南六十里居庸界，故关名矣。更始使者入上谷[②]，耿况[③]迎之于居庸关，即是关也。其水导源关山，南流历故关下。溪之东岸有石室三层，其户牖[④]扇扉，悉石也，盖故关之候台[⑤]矣。南则绝谷，累石为关垣，崇墉峻壁，非轻功[⑥]可举。山岫[⑦]层深，侧道[⑧]褊狭，林鄣邃险，路才容轨[⑨]。晓禽暮兽，寒鸣[⑩]相和，羁官[⑪]游子，聆之者莫不伤思矣。

北京昌平境内的烽火台

居庸关城楼

注释

① 沮阳城：今北京市昌平区东南。

② 上谷：古郡名，战国燕置，今河北省怀来县。

③ 耿况：字侠游，东汉扶风茂陵（今陕西省兴平市）人。

④ 牖：窗户。

⑤ 候台：即烽火台，古代边境要地为守望报警而筑的高台。

⑥ 轻功：简易的劳作。

⑦ 山岫：山峦。

⑧ 侧道：边沿的道路。

⑨ 轨：车。

⑩ 寒鸣：悲鸣。

⑪ 羁官：久宦异乡的人。

译文

居庸关在沮阳城东南六十里处居庸县界内，所以关名也叫居庸。更始帝使者入上谷，耿况到居庸关迎接他，就是这个关。湿余水源出关山，从南流经故关之下，溪东岸有石室三层，石室的门窗都是石制的，原是故关的烽火台。南面原是绝谷，垒石筑成关口城墙，墙高壁峻，确非简易劳作可成的工程。山峦层叠幽深，侧道狭隘，深林阻障，山路只能通过一辆车子。朝朝暮暮鸟鸣兽啼，互相应和，在他乡当官或作客的人，听到这种声音，没有不悲伤忧愁的。

居庸关

原典

渔阳[1]太守张堪，于县开稻田，教民种殖，百姓得以殷富。童谣歌曰："桑无附枝[2]，麦秀两岐[3]，张君为政，乐不可支。"视事[4]八年，匈奴不敢犯塞[5]。

译文

渔阳太守张堪在县里开垦稻田，教会百姓种植水稻，百姓因此而殷富。童谣唱道："桑树多齐整，麦苗双穗生，张太守来当政，老百姓乐腾腾。"张堪在位八年，匈奴不敢来侵犯边塞。

注释

① 渔阳：今北京市密云区。

② 附枝：枝杈。

③ 麦秀两岐：一麦两穗，这在古代是吉瑞。

④ 视事：掌管政事。

⑤ 犯塞：侵犯边塞。

原典

高梁水[1]注之，水首受㶟水于戾陵堰，水北有梁山，山有燕刺王旦之陵，故以戾陵名堰。水自堰枝分，东迳梁山南，又东北迳刘靖碑[2]北。其词云：魏使持节都督河北道诸军事征北将军建城乡侯沛国刘靖，字文恭，登梁山以观源流，相㶟水以度形势，嘉武安[3]之通渠，羡秦民之殷富。乃使帐下丁鸿，督

注释

① 高梁水：三国魏时开车箱渠，导㶟水自今石景山南东接高梁水上源，又自今德胜门外分流东向至今通州区东注入潞

军士千人，以嘉平二年，立遏[4]于水，导高梁河，造戾陵遏，开车箱渠。其遏表云：高梁河水者，出自并州[5]，潞河之别源也。长岸峻固，直截中流，积石笼[6]以为主遏，高一丈，东西长三十丈，南北广七十余步。依北岸立水门，门广四丈，立水十丈。山水暴发，则乘[7]遏东下；平流守常，则自门北入。灌田岁二千顷。凡所封地，百余万亩。至景元三年辛酉，诏书以民食转广，陆废不赡，遣谒者[8]樊晨更制水门，限田千顷，刻[9]地四千三百一十六顷，出给郡县，改定田五千九百三十顷。水流乘车箱渠，自蓟西北迳昌平，东尽渔阳[10]潞县，凡所润含，四五百里，所灌田万有余顷。高下孔齐，原隰底平，疏之斯溉，决之斯散，导渠口以为涛门，洒滮池以为甘泽，施加于当时，敷被于后世。晋元康四年，君[11]少子骁骑将军平乡侯弘，受命使持节监幽州诸军事，领护乌丸校尉宁朔将军。遏立积三十六载，至五年夏六月，洪水暴出，毁损四分之三，剩北岸七十余丈，上渠车箱，所在漫溢。追惟[12]前立遏之勋，亲临山川，指授规略，命司马、关内侯逄恽，内外将士二千人，起长岸，立石渠，修主遏，治水门，门广四丈，立水五尺，兴复[13]载利，通塞之宜，准遵旧制，凡用功四万有余焉。诸部王侯，不召而自至，襁负[14]而事者，盖数千人。《诗》载经始勿亟，《易》称民忘其劳，斯之谓乎。于是二府文武之士，感秦国思郑渠[15]之绩，魏人置豹祀之义，乃遐慕仁政，追述[16]成功。元康五年十月十一日，刊石立表，以纪勋烈，并记遏制度，永为后式焉。事见其碑辞。

河，亦称高梁水或高梁河。

②刘靖碑：在今北京市大兴区。刘靖，三国魏刘馥之子，字文恭，沛国相（今安徽省濉溪县）人。

③武安：白起，战国秦将，事秦昭王，封武安君，坑赵降卒四十万人。

④遏：通“堨”，堤坝、堤防。

⑤并州：古州名，虞舜分冀东恒山之地为并州。

⑥石笼：元代王祯《王氏农书》中有记载：用藤萝或木条编成，圈眼，大笼长一三丈，高四五尺，内装石块，用木桩钉住，接连绵延，可用来抵御洪水奔浪。

⑦乘：凌越、漫过。

⑧谒者：官名，使者的别称。汉哀帝时置河堤谒者，即派往地方主管水利的官员。

⑨刻：规定。

⑩渔阳：古郡名，今北京市密云区。

⑪君：即刘靖。

⑫追惟：追念、回想。

⑬兴复：恢复、复兴。

⑭襁负：用襁褓背负，指带着孩子。

⑮郑渠：亦称郑国渠，古代关中平原（今陕西省渭河平原）的人工灌溉渠，秦王政采纳韩国水工郑国的建议开凿而成。

⑯追述：述说过去之事。

译文

又有高梁水注入，高梁水上口在戾陵堰承接灅水，水北有梁山，山上有燕刺王旦的陵墓，所以用戾陵来命名这条堰。河水从这条堰分出支流，从东流经梁山南边，从东北流经刘靖碑北边。碑辞写道：魏使持节都督河北道诸军事征北将军建城乡侯沛国刘靖，字文恭，登上梁山观望河川的源流，考察灅水，审度地形地势，赞扬武安的通渠，羡慕秦地的殷富。于是派部下丁鸿，督率军士千人，于嘉平二年在水中筑堰，以引导高梁河，造了戾陵堨，开了车箱渠。此堰的碑文说：高梁河水出自并州，是潞河的别源。长长的堤岸，非常高峻牢固，在河中以石笼截流筑成主堰，高一丈，东西长三十丈，南北宽七十多步。靠北岸设立水门，门宽四丈，立于水中十丈。山水暴发时，水就从堰顶溢出，向东奔流，平时保持正常流量，水就从水门向北流进来。每年可灌溉水田两千顷，灌溉旱地共一百多万亩。景元三年辛酉日所下诏书说：因百姓对粮食的需求量增加，旱地废置，因而供养不足。派谒者樊晨重新改造了水门，国家规定拿出水田一千顷，拿出旱地四千三百一十六顷，给予郡县，重新改定水田五千九百三十顷。水流沿着车箱渠，从蓟西北流经昌平，东至渔阳潞县为止。沿途所经四五百里，灌溉的水田达万余顷。无论地势高低，都能均匀地得水，土地得以耕种。导流时可以灌溉，决水时可以分流。渠口开放，成为湍流汹涌的水门，池水放出，成为滋润禾苗的甘泽，既有益于当代，又惠及后世。晋元康四年，刘公小儿子骁骑将军平乡侯刘弘，受命持节出使监管幽州诸军事，领有护乌丸校尉宁朔将军的头衔。立堨后三十六年，到元康五年夏六月，洪水暴发，堤坝毁损了四分之三，只剩北岸七十多丈，车箱渠到处泛滥。刘弘追念先君筑堰的功勋，亲临现场，指导施工规划，命令司马、关内侯逄恽率领内外将士两千人，筑起长岸，建成石渠，修理主堰，兴建水门，

北京西直门高梁河

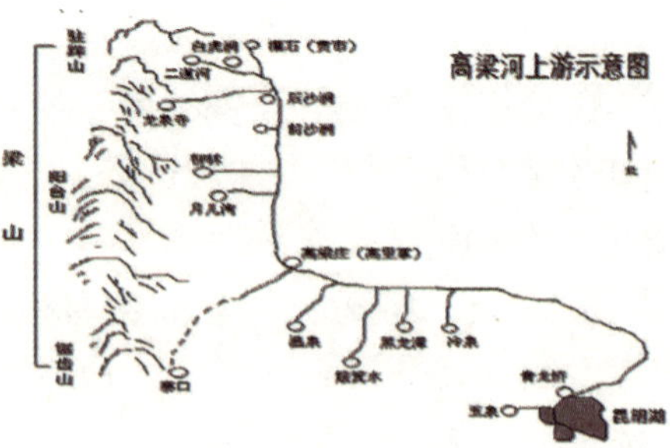

高梁河在北京的位置

水门宽四丈，立水中五尺，恢复了运载的各种功能。凡有关疏导与阻塞之方法，一切都遵循旧制，共费工四万多。乌丸诸部王侯，不召自来，有的甚至背着婴儿来修水利，总共有几千人。《诗经》中说动工不要急于求成，《易经》中说百姓忘记了劳苦，就是这一水利工程的最好写照。于是两府中文官武将，想到秦国追思郑国凿渠的业绩，以及魏人为西门豹立祠的道理，都仰慕这一仁德之举，追述修堰的功绩。元康五年十月十一日，刻石立表，以记载这一业绩，并记下这条堰的规格和用法，永远作为后人的榜样。事实详见碑辞。

原典

又东南流迳武列溪[①]，谓之武列水。东南历石挺[②]下，挺在层峦之上，孤石云举[③]，临崖危峻，可[④]高百余仞。牧守[⑤]所经，命选练之士，弯张[⑥]弧矢，无能届[⑦]其崇标者。其水东合流入濡[⑧]。

译文

（三藏水）又向东南流经武列溪，称为武列水。武列水向东南经石挺而下，石挺在层峦之上，孤石高耸，山崖险峻，高百余仞。州牧、太守经过这里，叫本领高强的人弯弓射箭，没有一个人能射到石挺的顶端。武列水向东流入濡水。

注释

① 武列溪：亦称武列水，即今热河，有三源，合流入河北省承德市。

② 石挺：孤生独立的直棒形大石，即今河北省承德市一带的磬锤峰。

③ 云举：高耸。

④ 可：大约。

⑤ 牧守：州和郡的长官。州官称牧，郡官称守。

⑥ 弯张：拉开。

⑦ 届：达到。

⑧ 濡：即濡水，今称滦河，是一条全长近九百千米独流入海的河流。

原典

《博物志》[①]曰：魏武[②]于马上逢狮子，使格[③]之，杀伤甚众，王乃自率常从健儿数百人击之，狮子吼呼[④]奋越，左右咸惊。王忽见一物从林中出，如狸，超[⑤]上王车轭上，狮子将至，此兽便跳上狮子头上，狮子即伏不敢起。于是遂杀之，得狮子而还。

注释

①《博物志》：西晋张华所著。

② 魏武：即曹操。

③ 格：杀。

④ 吼呼：怒吼呼叫。

⑤ 超：跳跃。

译文

《博物志》说：曹操在马上突然碰到狮子，叫兵士去打死它，狮子伤了许多人，于是曹操亲自率领卫队健儿几百人去打。狮子咆哮狂奔，左右皆惊。曹操忽然看见一只不知什么东西从树林中奔出，样子好像狸猫，跳上曹操的车轭，狮子快到时，此兽便跳到狮子头上，狮子就伏着不敢起来了。于是就把狮子杀死，得其而回。

原典

朝鲜①，故箕子②国也。箕子教民以义，田织信厚，约以八法，而下知禁③，遂成礼俗。战国时，满④乃王之，都王险城⑤，地方数千里，至其孙右渠⑥。汉武帝元封二年，遣楼船将军⑦杨仆、左将军荀彘讨右渠，破渠于浿水，遂灭之。若浿水东流，无渡浿之理，其地今高句丽⑧之国治，余访蕃使⑨，言城在浿水之阳。其水西流迳故乐浪⑩朝鲜县，即乐浪郡治，汉武帝置，而西北流。故《地理志》曰：浿水西至增地县入海。又汉兴，以朝鲜为远，循辽东故塞至浿水为界。考之今古，于事差谬，盖《经》误证也。

箕子国位置图

注释

① 朝鲜：古县名，西汉置，今朝鲜平壤市。

② 箕子：商纣的叔父，名胥馀，封子爵，国于箕。

③ 禁：禁忌、法令。

④ 满：指燕人卫满。当时中原多故，卫满起兵击败朝鲜，自立为王。

⑤ 王险城：公元前2世纪古朝鲜的都城，今朝鲜平壤市。

⑥ 右渠：燕人卫满之孙，具体不详。

⑦ 楼船将军：汉代将军名号之一。

⑧ 高句丽：古国名。

⑨ 蕃使：外国使节。

⑩ 乐浪：郡名，汉武帝时置，今朝鲜平壤市。

译文

朝鲜是旧时的箕子国。箕子教导百姓要正大光明地做人，耕织为生，忠实淳朴，规定了八条法律，百姓就不做犯法的事了，形成了讲礼的良好风俗。战国时，卫满做了国王，建都于王险城，土地方圆几千里，传到他孙子右渠。汉武帝元封

二年，派遣楼船将军杨仆、左将军荀彘讨伐右渠，在浿水打败了他，灭了箕子国。如果浿水东流，没有渡过浿水的道理，这个地方是现在高句丽的国都，我访问过外国使臣，说高句丽城在浿水的北面。浿水向西流经原乐浪郡朝鲜县，就是乐浪郡的治所，是汉武帝设置的。浿水再向西北流去。所以《地理志》说：浿水西至增地县入海。汉朝建立后，以为朝鲜太远，就沿着辽东老边境到浿水为界。查考古今所载，情况有差异，《水经》是误证了。

卷十五

洛水、伊水、瀍水、涧水

原典

洛水又东迳檀山南，其山四绝[①]孤峙[②]，山上有坞聚[③]，俗谓之檀山坞。义熙中，刘公西入长安，舟师[④]所届[⑤]，次于洛阳，命参军[⑥]戴延之与府舍人虞道元即舟遡流，穷览洛川，欲知水军可至之处。延之届此而返，竟[⑦]不达其源也。

译文

洛水又东经檀山南面，檀山四面绝壁，一峰孤峙，山上有小山村，俗称檀山坞。东晋义熙年间，刘裕西入长安，水军驻扎在洛阳，命令参军戴延之与府舍人虞道元，乘船逆流而上，走尽洛川，探寻水军可以到达的地方。戴延之到这里就回去了，最终没有到达水源。

注释

① 四绝：四面绝壁。

② 孤峙：独自高耸。

③ 坞聚：村落。

④ 舟师：水军。

⑤ 届：至、到达。

⑥ 参军：官名，东汉末置，有“参某某军事”之义，晋以后军府和王国始置为官员。

⑦ 竟：最终、终究。

今天的洛水

原典

伊水又北入伊阙[1]，昔大禹疏以通水。两山相对，望之若阙[2]，伊水历其间北流，故谓之伊阙矣，《春秋》[3]之阙塞也。昭公二十六年，赵鞅[4]使女宽守阙塞是也。陆机[5]云：洛有四阙，斯其一焉。东岩西岭，并镌[6]石开轩，高甍[7]架峰。西侧灵岩下，泉流东注，入于伊水。傅毅[8]《反都赋》曰：因龙门以畅化，开伊阙以达聪[9]也。阙左壁有石铭云：黄初四年六月二十四日辛巳，大出水，举高四丈五尺，齐此已下。盖记水之涨减也。右壁又有石铭云：元康五年，河南府君[10]循大禹之轨，部[11]督邮辛曜、新城令王琨，部监作掾[12]董猗[13]、李褒，斩岸开石，平通伊阙，石文尚存也。

注释

① 伊阙：在今河南省洛阳市，是洛阳乃至全国的著名胜迹，有龙门石窟坐落于此。

② 阙：宫门、城门两侧的高台，中间有道路，台上起楼观。

③《春秋》：相传为孔子所编定的鲁国的编年史。

④ 赵鞅：春秋时期晋国人，即赵简子。

⑤ 陆机：西晋文学家、书法家，字士衡，吴郡吴县（今上海市松江区）人。与弟陆云同以文才显名，号称“二陆”。

⑥ 镌：雕刻。

⑦ 甍：屋脊。

⑧ 傅毅：东汉文学家，字武仲，扶风茂陵（今陕西省兴平市）人。

⑨ 达聪：通达听闻。语出《尚书·舜典》：“明四目，达四聪。”

⑩ 府君：汉代对郡相、太守的尊称，后仍沿用。

⑪ 部：带领、率领。一说部署、布置。

⑫ 监作掾：监作的属吏。

⑬ 董猗：人名，不详。

译文

伊水又向北流入伊阙，从前大禹疏导此山以通水。两座山相对，远望好像门阙，伊水从中间流过，向北流去，所以称为伊阙，就是《春秋》中说的阙塞。昭公二十六年，赵鞅派女宽镇守阙塞，就是这里。陆机说：洛阳有四阙，这是其中之一。东有巨岩，西有高岭，凿石开出石窟，在山峰上建起高高的屋宇。西侧的灵岩之下，有泉水向东流，注入伊水。傅毅《反都赋》说：凭借着龙门来畅通教化，凿开伊阙以通达听闻。阙左壁有石铭说：魏黄初四年六月二十四日，发大水，高四丈五尺，水满到此以下。这大概是记水位高低而立的。右壁又有石铭说：晋元康五年，河南府君沿着大禹的旧迹，率领部下督邮辛曜，新城令王琨，监作掾董猗、李褒，凿岸开石，凿平了伊阙，至今石上的文字还在。

洛水

洛水是黄河中游的重要支流伊洛河的支流，今称洛河，发源于陕西省境华山的蓝田附近，东流进入今河南省，在偃师附近与伊河汇合，今称伊洛河，然后东北流注入黄河。伊水今称伊河，发源于河南省境内栾川县附近的伏牛山地，与洛河汇合后称为伊洛河。

伊 阙

龙门石窟

卷十六

穀水、甘水、漆水、浐水、沮水

原典

穀水又东流迳乾祭门[①]北，子朝之乱，晋所开也，东至千金堨[②]。《河南十二县境簿》曰：河南县[③]城东十五里有千金堨。《洛阳记》曰：千金堨旧堰[④]穀水，魏时更修此堰，谓之千金堨。积石为堨而开沟渠五所，谓之五龙渠。渠上立堨，堨之东首，立一石人，石人腹上刻勒云：太和五年二月八日庚戌造筑此堨，更开沟渠，此水衡渠上其水，助其坚也，必经年历世，是故部立石人以记之云尔。盖魏明帝修王[⑤]、张故绩也。堨是都水使者陈协所造。《语林》[⑥]曰：陈协数进阮步兵酒，后晋文王欲修九龙堰，阮举协，文王用之。掘地得古承水铜龙六枚，堰遂成。水历堨东注，谓之千金渠。逮于晋世，大水暴注，沟渎泄坏，又广功[⑦]焉，石人东胁下文云：太始七年六月二十三日，大水迸瀑，出常流上三丈，荡坏二堨，五龙泄水，南注泻下，加岁久漱啮[⑧]，每涝即坏，历载捐弃大功，今故无令遏，更于西开泄，名曰代龙渠，地形正平，诚得为泄至理。千金不与水势激争，无缘[⑨]当坏，由其卑下，水得踰上漱啮故也。今增高千金于旧一丈四尺，五龙自然必历世无患。若五龙岁久复坏，可转于西更开二堨。二渠合用二十三万五千六百九十八功，以其年十月二十三日起作[10]，功重人少，到八年四月二十日毕。代龙渠即九龙渠也。后张方入洛，破千金堨。永嘉初，汝阴[11]太守李矩、汝南太守袁孚修之，以利漕运，公私赖之。水积年，渠堨颓毁，石砌殆尽，遗基见存，朝廷太和中修复故堨。按千金堨石人西胁下文云：若沟渠久，疏深引水者当于河南城北、石碛西，更开渠北出，使首狐丘。故沟东下，因故易就，碛坚便时，事业[12]已讫，然后见之。加边方多事，人力苦少，又渠堨新成，未患于水，是以不敢预修通之。若于后当复兴功者，宜就[13]西碛，故书之于石，以遗后贤矣。

注释

① 乾祭门：周王城（今河南省洛阳市王城公园一带）的北门。

② 千金堨：今河南省洛阳市。

③ 河南县：古县名，汉置，今河南省洛阳市西郊。

④ 堰：作为堤坝。

⑤ 王：指王梁，东汉渔阳（今北京市密云区）人，字君严，从光武帝击王莽，官拜大司空、济南太守。

⑥《语林》：东晋人裴启所作的小说。

⑦ 广功：扩大工程。

⑧ 漱啮：冲刷侵蚀。

⑨ 无缘：不可能。

⑩ 起作：开工、动工。

⑪ 汝阴：古郡名，三国魏时置，今安徽省阜阳市。

⑫ 事业：这里指水利工程。

⑬ 就：靠近、接近。

译文

穀水从东流经乾祭门北边，此门是子朝之乱时晋所开，东到千金堨。《河南十二县境簿》说：河南县城东十五里处有千金堨。《洛阳记》说：千金堨原来是穀水的堤坝，魏时重修此堰，称为千金堨。用石块砌成堰坝，开沟渠五处，称为五龙渠。渠上造堰，堰的东头立着一个石人，石人腹上刻着：太和五年二月八日庚戌，造筑此堰，又开凿沟渠，此水满到渠上，有助于堰的牢固，这一定会经历许多年代的，所以立此石人以记其事。这是魏明帝学习王梁、张纯以前治水的功绩。堰是都水使者陈协所造。《语林》说：陈协多次送酒给阮籍，后来晋文王要修九龙堰，阮籍举荐陈协，晋文王起用他。筑堰时掘地得到古代承水的铜龙六条，堰才筑成。渠水堰经坝向东流注，称为千金渠。到了晋代，大水猛冲而下，把沟渠都冲坏了，又扩大了修建工程。石人东胁下有文字道：太始七年六月二十三日，大水迸发，比平常的水流高出三丈，冲毁了两条堤堰，五龙渠排水，向南流泻而下，加上年久堤岸侵蚀严重，每逢水涝，就会冲坏，多年以来没有兴修大型

水利工程，现在不让它受阻，改从西边排出，名叫代龙渠，地形平整，实为排水最好的地形。千金渠没有迎着水流冲击的地方，没有理由毁坏，因为位置低下，水才能涨上来侵蚀堤堰。现在千金渠比旧时增高一丈四尺，五龙渠自然经久无患了。如果五龙渠年久又损坏，可以移向西边再筑两条堤坝。凿两条渠一共用了二十三万五千六百九十八个工。从太始七年十月二十三日开始动工，因工程浩大，人力缺少，到太始八年四月二十日完成。代龙渠就是九龙渠。后来张方包围洛阳，破坏了千金堨。晋怀帝永嘉初年，汝阴太守李矩、汝南太守袁孚修复了千金堨，使漕运便利，公私得益。大水连年，渠堰塌毁，所砌的岩石几乎被水冲光，只有基础尚存，本朝太和年间重新修复。千金堨石人西胁下铭文道：如果沟渠年久，疏浚者应当在河南城北面、石碛西面，再朝北深深地开挖一道沟渠，使它通向旧时的小丘。汇合旧渠东流，利用老沟开渠，工程容易完成，石碛坚固，有利农时，工程完成后，效果就可见到。边境多战事，人力太少，渠堰又刚刚筑成，未遇水患，所以不敢预先修好通渠。如果今后要再动工兴修水利工程，那么应从石碛西边挖渠，因此特地写在石上，以供后世贤者参考。

原典

榖水又东，又结石梁[①]，跨水制城，西梁也。榖水又东，左会金谷水。水出太白原[②]，东南流历金谷，谓之金谷水。东南流迳晋卫尉卿石崇[③]之故居。石季伦《金谷诗集叙》曰：余以元康七年，从太仆[④]出为征虏将军，有别庐[⑤]在河南[⑥]界金谷涧中。有清泉茂树，众果、竹、柏、药草备具。金谷水又东南流入于榖。

注释

① 石梁：石制的桥梁。

② 太白原：今河南省洛阳市西北。

③ 石崇：晋朝人，字季伦，在河阳置金谷别墅，极奢靡。

④ 太仆：官名，九卿之一，为天子执御，掌舆马牲畜之事。

⑤ 别庐：别墅。

⑥ 河南：古县名，今河南省洛阳市西郊。

译文

榖水向东流，又砌筑了一座石桥，横跨水上，以阻水护城，称为西梁。榖水又东流，左边汇合金谷水。金谷水出于太白原，向东南流经金谷，称为金谷水。金谷水向东南流经晋卫尉卿石崇的故居。石崇《金谷诗集叙》中说：我在元康七年，随太仆出征为征虏将军，有别墅在河南界上的金谷涧中。那里有澄清的泉水、茂密的树林，各种果树、修竹、翠柏以及药草，应有尽有。金谷水又向东南流入榖水。

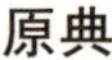

原典

故《洛阳记》[①]曰：陵云台西有金市，金市北对洛阳垒者也。又东历大夏门下，故夏门也。陆机《与弟书》云：门有三层，高百尺，魏明帝造。门内东侧，际[②]城有魏明帝所起景阳山，余基尚存。孙盛《魏春秋》曰：景初元年，明帝愈崇宫殿，雕饰观阁，取白石英[③]、紫石英和五色大石于太行谷城之山，起景阳山于芳林园，树松竹草木，捕禽兽以充其中。于时百役繁兴，帝躬自掘土，率群臣三公[④]已下，莫不展力。山之东，旧有九江。陆机《洛阳记》曰：九江直作圆水。水中作圆坛三破之，夹水得相迳通。《东京赋》[⑤]曰：濯龙、芳林，九谷八溪[⑥]，芙蓉覆水，秋兰[⑦]被涯。今也，山则块阜独立，江无复仿佛矣。穀水又东，枝分[⑧]南入华林园，历疏圃南，圃中有古玉井，井悉以珉玉为之，以缁石为口，工作精密，犹不变古，璨[⑨]焉如新。又迳瑶华宫南，历景阳山北，山有都亭，堂上结方湖，湖中起御坐石也。御坐前建蓬莱山，曲池接筵，飞沼拂席，南面射侯[⑩]，夹席武峙。背山堂上，则石路崎岖，岩嶂峻险，云台风观，缨峦带阜，游观者升降阿阁[⑪]，出入虹陛，望之状凫没[⑫]鸾举矣。其中引水飞皋，倾澜瀑布，或枉渚[⑬]声溜，潺潺不断，竹柏荫于层石，绣薄丛于泉侧，微飙暂拂，则芳溢于六空，寔[⑭]为神居矣。

注释

①《洛阳记》：杨守敬认为是杨龙骧所作。

② 际：临近、靠近。

③ 白石英：一种石英的矿石。

④ 三公：古代中央三种最高官衔的合称。历代名称稍有差别，职管各异。

⑤《东京赋》：东汉天文学家、文学家张衡所作。

⑥ 九谷八溪：养鱼池，今不知所在。

⑦ 秋兰：秋日的兰花。

⑧ 枝分：支流、分流。

⑨ 璨：鲜明发光。

⑩ 射侯：箭靶。

⑪ 阿阁：四面都有檐溜的楼阁。

⑫ 凫没：像野鸭一样浮沉。

⑬ 枉渚：弯曲的水池。

⑭ 寔：通“实”，的确、实在。

译文

所以《洛阳记》说：陵云台西边有金市，金市北对洛阳垒，就是这个地方。又东经大夏门下，就是原来的夏门。陆机《与弟书》说：门有三层，高百尺，魏明帝所造。门内东侧，靠城有魏明帝所造的景阳山，余基还在。孙盛《魏春秋》说：景初元年，魏明帝增高宫殿，雕刻装饰观阁，从太行谷城山取白石英、紫石英及五色大石，在芳林园筑起景阳山，种下松竹草木，捕来禽兽充实其中。当时各种徭役极其兴盛，皇帝亲自掘土，率领三公以下群臣，人人出力。山东边，

原有九江。陆机《洛阳记》说：九江凑聚成圆形水池，池中筑圆坛，又建三条堤道把池分为三块，与两岸相连。《东京赋》说：濯龙、芳林，九谷八溪，芙蓉铺满水面，秋兰长遍岸边。如今，山只剩下一座孤零零的高冈，江则再也看不出痕迹了。榖水又东流，支流向南流入华林园，经过菜园南边，园中有古玉井，井栏都用珉玉做成，用黑石做井口，做工精密，虽年代久远，还没有改变古时的形状，色泽灿烂如新。又流经瑶华宫南边，过景阳山北边，山上有都亭，堂上砌方湖，湖中造有御座石。御座前建造蓬莱山，曲池接连着筵席，飞泉轻拂着席位，南面挂着箭靶，席位两边有高高的屏障。背山的堂上，石路崎岖，岩嶂险峻，亭台楼观高耸，山峦如缨带缠绕，游人在高阁中上下，从曲阶上出入，远望好像凫在水中浮沉，鸾在云中飞翔。堂中引水从岸上倾泻下来，形成飞瀑，奔流在曲渚间，水声潺潺不绝，竹柏遮蔽着层石，五彩斑斓的深草丛生在泉边，微风突然吹来，芳香飘溢到天空，这实在是神仙所居之地。

原典

沮水[①]东注郑渠。昔韩欲令秦无东伐，使水工[②]郑国间秦凿泾引水，谓之郑渠。渠首[③]上承泾水于中山西邸瓠口，所谓瓠中也。《尔雅》[④]以为周焦获矣。为渠并[⑤]北山，东注洛三百余里，欲以溉田。中作而觉[⑥]，秦欲杀郑国，郑国曰：始臣为间[⑦]，然渠亦秦之利。卒使就渠，渠成而用注[⑧]填阏[⑨]之水，溉泽卤[⑩]之地四万余顷，皆亩一钟[⑪]，关中沃野，无复凶年，秦以富强，卒并诸侯，命曰郑渠。

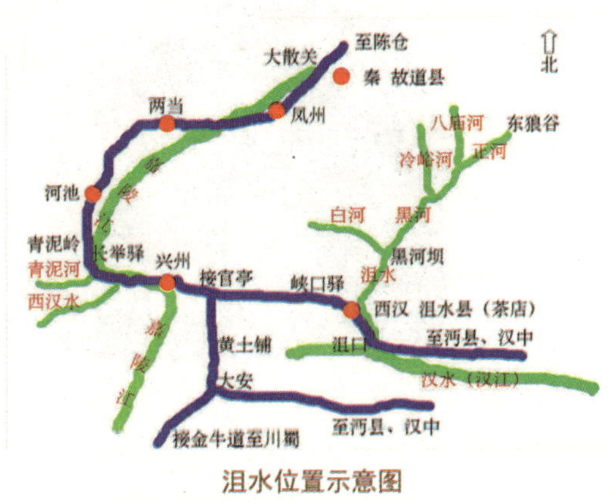

沮水位置示意图

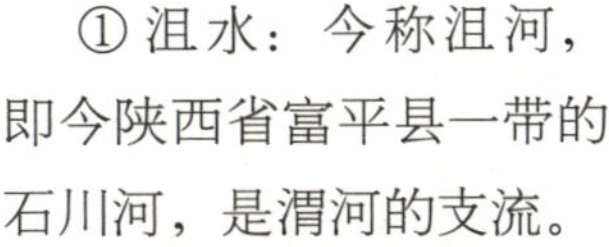

注释

① 沮水：今称沮河，即今陕西省富平县一带的石川河，是渭河的支流。

② 水工：治水工匠。

③ 渠首：水渠的开端。

④《尔雅》：我国现存最早的一部按意义编排的词典，作者不详，成书于西汉初年。

⑤ 并：依傍、沿着。

⑥ 觉：被发现。

⑦ 间：间谍。

⑧ 注：引。

⑨ 填阏：淤泥。阏，通“淤”。

⑩ 泽卤：盐碱地。

⑪ 钟：古时的容量单位，合六斛四斗。

译文

沮水向东注入郑渠。从前韩国不想让秦国东征，派水工郑国侦察秦国，凿泾河引水，称为郑渠。渠上口在中山西的邸瓠口承接泾水，就是瓠中。《尔雅》以为是周的焦获。此渠与北山相并，东流注入洛水，有三百多里长，原是用来灌溉的。工程进行中，被秦国发觉，秦国要杀掉郑国，郑国说：开始时我是来侦察秦国的，然而挖成此渠，对秦国却是大为有利的。于是最终让他完成这一工程，渠成，引用这种含有淤泥的水源，灌溉盐碱地四万多顷，产量每亩一钟，关中成为沃野，不再有荒年了，秦国也因此富强，终于并吞了诸侯，于是把这条渠命名为郑渠。

秦　国

秦国是中国春秋战国时期的一个诸侯国。秦人是华夏族西迁的一支。其国君当为少昊氏之后，传说周孝王因秦的祖先善养马，因此将他们分封在秦，作为周朝的附庸。公元前770年，秦襄公护送周平王东迁有功，被封为诸侯，秦始建国，占领了被戎人和狄人占领的原周朝在陕西的领地。

秦最初的领地在今天陕西省西部，在当时属于中国的边缘部分。秦人善战，但一直到战国初期，秦一直是一个比较弱的国家，也许正因为它地处偏僻，因此一直没有受到其他国家的重视。在春秋时代早期，它是一个不显眼的国家，直到秦穆公时代方参与中原争霸，成为仅次于晋国、楚国、齐国的二等强国。就科学技术、文化等方面而言，秦在战国初期比较落后。这个形势一直到公元前361年商鞅变法才开始改变。从此，秦国开始不断强大。公元前325年秦惠文王称王。公元前316年秦灭蜀，从此秦正式成为一个大国。公元前246年秦王嬴政登基，公元前238年掌权，开始了他对六国的征服。从公元前230年秦灭韩起，到公元前221年秦灭齐国，统一了中国。

秦始皇

卷十七

渭　水

原典

渭水[1]出首阳县首阳山渭首亭南谷，山在鸟鼠山[2]西北。此县有高城岭，岭上有城，号渭源城，渭水出焉。三源合注，东北流迳首阳县西与别源合。水南出鸟鼠山渭水谷，《尚书·禹贡》所谓渭出鸟鼠者也。

注释

① 渭水：今称渭河，从今甘肃省发源流入陕西省而注入黄河，是黄河最大的支流，也是关中平原上最大的河流。

② 鸟鼠山：在今甘肃省渭源县西。

译文

渭水发源于首阳县首阳山的渭首亭南谷，首阳山在鸟鼠山西北。首阳县有高城岭，岭上有城，叫渭源城，渭水就发源于这里。渭水由三个源头合流而成，东北流经首阳县西，又与另一个源头汇合。此水源出南面的鸟鼠山渭水谷，就是《尚书·禹贡》中所说的渭水源出鸟鼠山。

原典

瓦亭水[1]又西南流，历僵人峡[2]，路侧岩上有死人僵尸峦穴[3]，故岫壑[4]取名焉。释鞍[5]就穴直上，可百余仞，石路逶迤[6]，劣[7]通单步。僵尸倚窟，枯骨尚全，惟无肤发而已。访其川居之士，云其乡中父老作童儿时，已闻其长旧[8]传，此当是数百年骸矣。

译文

瓦亭水从西南流经僵人峡，路旁岩上，山洞里有人死后成为僵尸，所以峡谷以僵人为名。下马一直朝山洞攀登一百多仞，石径弯弯曲曲，勉强可容一人通行。僵尸倚着洞壁，尸骸还完好，只是没有皮肤、头发而已。询问水边居民，说是乡中老人小时候就早已听长辈说起了，那么僵尸当是数百年前的骸骨了。

注释

① 瓦亭水：今名苦水河，源出宁夏海原县南，至甘肃省天水市北注入渭河。

② 僵人峡：在今甘肃省庄浪县。

③ 峦穴：山洞、山穴。

④ 岫壑：山谷。

⑤ 释鞍：舍马不用，这里指下马。

⑥ 逶迤：弯弯曲曲绵延不绝的样子。

⑦ 劣：仅仅。

⑧ 长旧：长辈、老者。

原典

魏明帝遣将军太原郝昭[①]筑陈仓城，成，诸葛亮围之。亮使昭乡人靳祥[②]说之，不下，亮以数万攻昭千余人，以云梯[③]、冲车、地道逼射昭；昭以火射[④]连石拒之，亮不利而还。今汧水[⑤]对亮城，是与昭相御处也。

注释

① 郝昭：字伯道，三国魏太原（今山西省太原市）人。

② 靳祥：三国魏太原（今山西省太原市）人，郝昭同乡。

③ 云梯：古代攻城时攀登城墙的长梯。

④ 火射：火箭。

⑤ 汧水：古水名，即今陕西省西部渭河支流千水。

译文

魏明帝派遣将军太原人郝昭筑陈仓城，建成后，诸葛亮包围了此城。诸葛亮叫郝昭的老乡靳祥去游说他，但没有成功，于是就以几万的兵力去进攻郝昭的一千多人，用云梯、冲车、地道攻城，向城上放箭，郝昭则用火箭、绳子连接石磨来抵抗，诸葛亮失利，就退兵而回。现在千水的对亮城，就是诸葛亮与郝昭对抗的地方。

陈仓古道

渭　水

渭水是关中平原上的最大河流，汉族的繁衍生息与此河有着密切关系，如上面“郑渠”一段所解说的，渭水对于关中的繁荣发展，包括汉族文化的源远流长，都有极重要的关系。所以一条支流而分置三卷，竟至与全国第一大河的长江齐观，说明自古对这条河流的重视。渭水今称渭河，从今甘肃发源流入陕西而注入黄河，全长达800千米，流域面积达13万余平方千米，是黄河的最大支流。渭水有不少支流，其中最大的是泾水，在古代，《诗经·邶风·谷风》说“泾以渭浊”，以后人们习惯称此二河时，总是“泾”前“渭”后，如“泾渭分明”等。但在《渭水》篇中，实际上没有记叙泾水，说明在《水经注》四十卷完成时，这条长达450多千米的泾水很可能独设一卷，并附上它的许多支流。这也是后人怀疑《渭水》三卷可能是由两卷分析而成的缘故。

卷十八

渭　水

原典

渭水又东，温泉水①注之，水出太一山②，其水沸涌如汤，杜彦达③曰：可治百病，世清则疾愈，世浊则无验。

注释

①温泉水：水出今陕西省眉县东。

②太一山：即陕西省秦岭终南山。

③杜彦达：人名，具体不详。

译文

渭水又东流，有温泉水注入。温泉水发源于太一山，一泓清泉像开水似的沸腾翻涌。据杜彦达说：那泉水可治百病。泉水清澈，病就可治好；泉水混浊，治病就无效。

渭水示意图

温　泉

温泉是泉水的一种，从严格意义上说，是从地下自然涌出的自然水，泉口温度显著高于当地年平均气温而又低于（等于）四十五摄氏度的地下水天然露头，所以叫温泉，并含有对人体健康有益的微量元素。

温泉文化究竟起源于何时何处，这个答案也许已年代久远得不可考了。秦始皇建“骊山汤”是为了治疗疮伤。徐福为了寻找长生不老药，辗转漂流到日本歌山县，至今当地仍保留着“徐福”之汤温泉浴场。到了唐朝，唐太宗特建“温泉宫”。诗人也留下了不少创作，如描写脂粉美女从温泉出浴的情形，足见我国悠久的温泉历史文化。

卷十九

渭　水

原典

田溪水①又北流，注于渭水也。县北有蒙茏渠，上承渭水于郿县②，东迳武功县③为成林渠；东迳县北，亦曰灵轵渠，《河渠书》④以为引堵水。徐广⑤曰：一作诸川是也。渭水又东迳槐里县⑥故城南。县，古犬丘邑⑦也，周懿王都之，秦以为废丘，亦曰舒丘。中平元年，灵帝封左中郎将⑧皇甫嵩为侯国。县南对渭水，北背通渠。

译文

田溪水又北流，注入渭水。县北有蒙茏渠，上流在郿县承接渭水，东流经武功县，就是成林渠；东流经县北，又叫灵轵渠，《河渠书》以为是从堵水引过来的。徐广说，此渠又叫诸川。渭水从东流，经

注释

①田溪水：今陕西省周至县附近。

②郿县：今陕西省眉县东。

③武功县：古县名，今陕西省武功县。

④《河渠书》：即西汉司马迁《史记·河渠书》，是我国比较早的一篇关于水利发展史的文献。

⑤徐广：东晋学者，字野民，今江苏省常州市人。

⑥槐里县：古县名，今陕西省兴平市东南。

⑦犬丘邑：古邑名，今陕西省兴平市东南，周懿王自镐徙都于此，秦更名废丘，亦称舒丘。

⑧左中郎将：郎中令的属官。

槐里县老城南。槐里县，就是古时的犬丘邑，周懿王曾建都于此，秦时称为废丘，又叫舒丘。东汉中平元年，灵帝将这个地方封给左中郎将皇甫嵩为侯国。槐里县南对渭水，北靠通渠。

原典

池水北迳鄗京[①]东、秦阿房宫西。《史记》曰：秦始皇三十五年，以咸阳人多，先王之宫小，乃作朝宫于渭南，亦曰阿城也。始皇先作前殿阿房，可坐万人，下可建五丈旗，周驰[②]为阁道，自殿直抵南山。表[③]山巅为阙，为复道自阿房度渭，属[④]之咸阳，象天极，阁道[⑤]绝汉[⑥]抵营室也。《关中记》曰：阿房殿在长安西南二十里，殿东西千步，南北三百步，庭中受十万人。其水又屈而迳其北，东北流注堨水陂。陂水北出，迳汉武帝建章宫东，于凤阙南，东注泬水[⑦]。泬水又北迳凤阙东。《三辅黄图》曰：建章宫，汉武帝造，周二十余里，千门万户，其东凤阙，高七丈五尺，俗言贞女楼。非也。《汉武帝故事》[⑧]云：阙高二十丈。《关中记》曰：建章宫圆阙，临北道，有金凤在阙上，高丈余，故号凤阙也。故繁钦《建章凤阙赋》曰：秦汉规模，廓然毁泯[⑨]，惟建章凤阙，岿然独存，虽非象魏之制，亦

译文

池水北流经鄗京东、秦阿房宫西。《史记》说：秦始皇三十五年，因咸阳人多，先王的宫殿小，于是在渭南建筑朝宫，也叫阿城。秦始皇先修建了前殿阿房宫，殿上可坐一万人，殿下可以竖立五丈高的旗，四周绕以阁道，从殿里一直通到南山。在山巅建阙，从阿房宫修建复道跨过渭水，与咸阳相连，以咸阳模仿天极，阁道则表示跨过天汉，通到营室星。《关中记》说：阿房殿在长安西南二十里，东西长一千步，南北宽三百步，庭中可容十万人。昆明池水又转向阿房宫北面流过，往东北流注于堨水陂。陂水从北面流出，经汉武帝建章宫东，在凤阙南往东注入泬水。泬水从北流经凤阙东。《三辅黄图》说：建章宫，汉武帝建，周围二十多里，宫内有成千上万的门窗，东边是凤阙，高七丈五尺，俗名贞女楼。这说得不对。《汉武帝故事》说：阙高二十丈。《关中记》说：建章宫的门阙，面对北道，上面有金凤，有一丈多高，所以叫凤阙。繁钦《建章凤阙赋》说：秦汉时的规模，已荡然无存了，只有建章宫的凤阙，还独自屹立着，虽然不是象魏的规制，但也可算是一代壮伟的楼观了。泬水从北流，分为两条：一条东北流，一条北流经神明台东边。《傅子·宫室》中说：建章宫中筑了神明台、井干楼，高度都有五十多丈，上面都建了悬阁，下面有车路相通。《三辅黄图》说：神明台在建章宫里面，台上有九个房间，现在人们称为九

一代之巨观也。泬水又北，分为二水，一水东北流，一水北迳神明台[⑩]东。《傅子·宫室》曰：上于建章中作神明台、井干楼[⑪]，咸高五十余丈，皆作悬阁，辇道相属焉。《三辅黄图》曰：神明台在建章宫中，上有九室，今人谓之九子台。即实非也。泬水又迳渐台东。《汉武帝故事》曰：建章宫北有太液池，池中有渐台三十丈。渐，浸也，为池水所渐。一说星名也。南有璧门三层，高三十余丈，中殿十二间，阶陛咸以玉为之，铸铜凤五丈，饰以黄金，楼屋上椽首，薄[⑫]以玉璧。因曰璧玉门也。泬水又北流注渭，亦谓是水为潏水也。故吕忱曰：潏水出杜陵县[⑬]。《汉书音义》曰：潏，水声，而非水也。亦曰高都水。前汉之末，王氏五侯大治池宅，引泬水入长安城。故百姓歌之曰：五侯初起，曲阳最怒，坏决高都，竟连五杜[⑭]，土山渐台，像西白虎。即是水也。

子台。这是不对的。泬水又流经渐台东。《汉武帝故事》说：建章宫北有太液池，池中有渐台，高三十丈。渐，是浸的意思，就是说被池水所浸。还有一个说法，认为渐是星名。南有璧门三层，高三十多丈，中殿十二间，台阶都用玉砌成，铸了铜凤一只，高五丈，以黄金来装饰；楼屋上方的椽头上贴着玉璧，因此叫璧玉门。泬水从北流，注入渭水，泬水又名潏水。所以吕忱说：潏水发源于杜陵县。《汉书音义》说：潏是水声，并不是水名。又叫高都水。西汉末年，王氏五侯大规模开池建宅，把泬水引入长安城。所以老百姓歌唱道：五侯开始兴起，曲阳最为盛富，毁堤毁去高都，水流连接五杜，筑成土山、渐台，象征西方白虎。说的就是这条水。

注释

① 鄗京：周朝初年的国都，今陕西省西安市长安区西北。

② 周驰：四周绵延。

③ 表：标记。

④ 属：连接。

⑤ 阁道：星名，共六颗。

⑥ 绝汉：横过天河。

电视剧中的阿房宫一角

⑦ 沉水：古水名，渭河支流，上游沉水即今陕西省西安市东南的浐河上游。即下文的“浐水”“高都水”。

⑧《汉武帝故事》：《隋书·经籍志》有记载。共二卷，未著撰者。

⑨ 毁泯：毁灭。

⑩ 神明台：在今陕西省西安市西北。

⑪ 井干楼：楼观名，像井干一样的楼观。

⑫ 薄：通“敷”，装饰、贴。

⑬ 杜陵县：古县名，西汉置，今陕西省西安市东南。

⑭ 五杜：《汉书·元后传》作“外杜”。具体不详。

电视剧中的阿房宫一角

原典

渭水又东迳长安城北，汉惠帝元年筑，六年成，即咸阳也。秦离宫[①]无城，故城之，王莽[②]更名常安。十二门：东出北头第一门，本名宣平门，王莽更名春王门正月亭，一曰东都门，其郭门亦曰东都门，即逄萌挂冠[③]处也。第二门，本名清明门，一曰凯门，王莽更名宣德门布恩亭，内有藉田[④]仓，亦曰藉田门。第三门，本名霸城门，王莽更名仁寿门无疆亭，民见门色青，又名青城门，或曰青绮门，亦曰青门。门外旧出好瓜，昔广陵[⑤]人邵平[⑥]为秦

注释

① 离宫：正宫之外供帝王出巡时居住的宫室。

② 王莽：西汉王禁之孙，字巨君，弑平帝，篡皇位，国号新。

③ 逄萌挂冠：《后汉书》记载，“时王莽杀其子宇，萌谓友人曰：‘三纲绝矣。不去，祸将及人。’”即解冠挂东都城门。

④ 藉田：古代天子、诸侯借用民力耕种的田地。

⑤ 广陵：今江苏省扬州市。

⑥ 邵平：秦东陵侯。

东陵侯，秦破，为布衣，种瓜此门，瓜美，故世谓之东陵瓜。是以阮籍[⑦]《咏怀诗》云：昔闻东陵瓜，近在青门外，连畛[⑧]拒阡陌，子母[⑨]相钩带[⑩]。指谓此门也。南出东头第一门，本名覆盎门，王莽更名永清门长茂亭。其南有下杜城[⑪]，应劭[⑫]曰：故杜陵[⑬]之下聚落也，故曰下杜门，又曰端门，北对长乐宫。第二门，本名安门，亦曰鼎路门，王莽更名光礼门显乐亭，北对武库[⑭]。第三门，本名平门，又曰便门，王莽更名信平门诚正亭，一曰西安门，北对未央宫。西出南头第一门，本名章门，王莽更名万秋门亿年亭，亦曰光华门也。第二门，本名直门，王莽更名直道门端路亭，故龙楼门也。张晏[⑮]曰：门楼有铜龙。《三辅黄图》曰：长安西出第二门。即此门也。第三门，本名西城门，亦曰雍门，王莽更名章义门著义亭，其水北入有函里，民名曰函里门，亦曰突门。北出西头第一门，本名横门，王莽更名霸都门左幽亭。如淳[⑯]曰：横音光，故曰光门。其外郭有都门、有棘门。徐广[⑰]曰：棘门在渭北。孟康[⑱]曰：在长安北，秦时宫门也。如淳曰：《三辅黄图》曰棘门在横门外。按《汉书》，徐厉[⑲]军于此备匈奴。又有通门、亥门也。第二门，本名厨门，又曰朝门，王莽更名建子门广世亭，一曰高门。苏林[⑳]曰：高门，长安城北门也。其内有长安厨官在东，故名曰厨门也。如淳曰：今名广门也。第三门，本名杜门，亦曰利城门，王莽更名进和门临水亭，其外有客舍，故民曰客舍门，又曰洛门也。凡此诸门，皆通逵[㉑]九达，三途洞开。隐以金椎，周以林木，左出右入，为往来之径，行者升降，有上下之别。

⑦ 阮籍：三国魏文学家，字嗣宗，陈留尉氏（今河南省尉氏县）人，世称“阮步兵”。

⑧ 畛：田间的边界。

⑨ 子母 ：指大小不等的瓜。一说，子指瓜，母指瓜藤。

⑩ 相钩带：形容瓜一个连接一个，结得很多。

⑪ 下杜城：今陕西省西安市长安区南。

⑫ 应劭：字仲远，东汉学者，汝南南顿（今河南省项城市）人。

⑬ 杜陵：古县名，西汉置，今陕西省西安市东南。

⑭ 武库：储藏兵器的仓库。

⑮ 张晏：三国魏中山（今河北省正定县）人，字子传，著有《汉书音释》四十卷。

⑯ 如淳：三国魏冯翊（今陕西省大荔市）人，注《汉书》。

⑰ 徐广：东晋学者，字野民，东莞姑幕（今江苏省常州市东南）人。

⑱ 孟康：三国魏广宗（今河北省威县）人，字公休，曾注《汉书》。

⑲ 徐厉：西汉文帝时人，具体不详。

⑳ 苏林：三国魏陈留外黄（今河南省民权县）人，字孝友。

㉑ 通逵：通途。逵，道路。

译文

渭水又东流经长安城北，长安城于汉惠帝元年开始修筑，惠帝六年建成，这就是咸阳城。秦时的离宫并未建城，所以为其造城，王莽改名为常安。长安城有十二座城门。从东边出城，北端第一门原名宣平门，王莽改名春王门正月亭，又名东都门，外城城门也叫东都门，就是逢萌挂冠弃官而去的地方。第二门原名清明门，又叫凯门，王莽改名宣德门布恩亭，内有藉田仓，又称藉田门。第三门原名霸城门，王莽改名仁寿门无疆亭，人们看到城门是青色的，又叫青城门，或叫青绮门，又叫青门。旧时门外出产好瓜，从前广陵人邵平是秦时的东陵侯，秦亡后做了平民百姓，在这座城门外种瓜，瓜很甜美，所以人们称之为东陵瓜。因此阮籍《咏怀诗》说：昔闻东陵瓜，近在青门外，连畛拒阡陌，子母相钩带。诗里说的就是此门。从南边出城，东端第一门原名覆盎门，王莽改名永清门长茂亭。此门南边有下杜城，应劭说：下杜城就是旧时杜陵的下聚落，所以叫下杜门，又叫端门，北与长乐宫相望。第二门原名安门，又称鼎路门，王莽改名光礼门显乐亭，北对武库。第三门原名平门，又叫便门，王莽改名信平门诚正亭，又叫西安门，北与未央宫相望。从西边出城，南端第一门原名章门，王莽改名万秋门亿年亭，又叫光华门。第二门原名直门，王莽改名直道门端路亭，就是旧时的龙楼门。张宴说：门楼上有铜龙。《三辅黄图》说：这是长安西出第二门。说的就是此门。第三门原名西城门，又叫雍门，王莽改名章义门著义亭，水从城北流入，有函里，人们称之为函里门，又叫突门。从北边出城，西端第一门原名横门，王莽改名霸都门左幽亭。如淳说：横，音光，所以叫光门。外城有都门、棘门。徐广说：棘门在渭北。孟康说：在长安北，是秦时的宫门。如淳说：《三辅黄图》说棘门在横门外。按《汉书》，徐厉曾驻军于此，以防匈奴。又有通门、亥门。第二门原名厨门，又叫朝门，王莽改名建子门广世亭，又叫高门。苏林说：高门是长安城北门。门内有长安厨官在东，所以叫厨门。如淳说：现在叫广门。第三门原名杜门，又叫利城门，王莽改名进和门临水亭。城门外有客舍，所以人们称为客舍门，又叫洛门。所有这些城门都有通衢大道相通，每座大开的城门各有三条大路穿过。修建大路时以大铁椎夯土，两边种植林木，左边出门，右边进门，往来有一定的路径，行人出入，有上行道和下行道的分别。

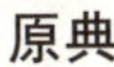

原典

又东迳未央宫北。高祖在关东，令萧何①成未央宫，何斩龙首山②而营之。山长六十余里，头临渭水，尾达樊川③；头高二十丈，尾渐下，高五六

注释

①萧何：西汉沛（今江苏省沛州市）人，荐韩信为大将，辅佐

丈；土色赤而坚，云昔有黑龙从南山[4]出饮渭水，其行道因山成迹。山即[5]基，阙不假[6]筑，高出长安城。北有玄武[7]阙，即北阙也。东有苍龙[8]阙，阙内有阊阖[9]、止车诸门。未央殿东有宣室、玉堂、麒麟、含章、白虎、凤皇、朱雀、鹓鸾[10]、昭阳诸殿，天禄、石渠、麒麟[11]三阁。未央宫北，即桂宫[12]也，周十余里，内有明光殿、走狗台、柏梁台[13]，旧乘复道[14]，用相迳通。

译文

渠水又东流，经未央宫北。高祖在关东时，命令萧何去兴建未央宫，萧何就开辟龙首山来营建这座宫殿。山长六十多里，山头俯临渭水，山尾伸到樊川；山头高二十丈，山尾渐低，高五六丈；土壤呈红色，很坚硬，传说从前有黑龙从南山出来，去饮渭水，经过的路线沿山而形成遗迹。建宫依山为基，不须筑基，就已高出长安城了。北有玄武阙，就是北阙。东有苍龙阙，阙内有阊阖、止车诸门。未央殿东有宣室、玉堂、麒麟、含章、白虎、凤皇、朱雀、鹓鸾、昭阳诸殿，以及天禄、石渠、麒麟三阁。未央宫以北，就是桂宫，周围十多里范围内，有明光殿、走狗台、柏梁台，从前有复道相通。

刘邦建立西汉王朝，为开国名相。

② 龙首山：古山名，在今陕西省西安市旧城北。

③ 樊川：潏水的支流，在今陕西省西安市南。

④ 南山：古山名，即秦岭终南山，在今陕西省西安市南。

⑤ 即：作为。

⑥ 不假：不须。

⑦ 玄武：古代神话中的北方之神，后代指北方。

⑧ 苍龙：古代二十八星宿中东方七宿的总称。

⑨ 阊阖：古宫门。

⑩ 鹓鸾：凤凰。鹓、鸾，各是凤凰的一种。

⑪ 天禄、石渠、麒麟：汉代阁名，为皇家藏书之所。

⑫ 桂宫：宫名，在今陕西省西安市西北。

⑬ 柏梁台：汉代台名，今陕西省西安市长安区西北长安故城内。

⑭ 复道：上下两重通道，即空中通道。

未央宫遗址大门

未央宫

未央宫是西汉帝国的大朝正殿，建于汉高祖七年，由刘邦重臣萧何监造，在秦章台的基础上修建而成，位于汉长安城地势最高的西南角上，因在长安城安门大街之西，又称西宫。未央宫是中国古代规模最大的宫殿建筑群之一，总面积有北京紫禁城的六倍，亭台楼榭、山水沧池，布列其中，其建筑形制深刻影响了后世宫城建筑，奠定了中国两千余年宫城建筑的基本格局。

自未央宫建成之后，西汉皇帝都居住在这里，成为汉帝国两百余年间的政令中心，所以在后世人的诗词中，未央宫已经成为汉宫的代名词。西汉以后，未央宫仍是多个朝代的理政之地，隋唐时也被划为禁苑的一部分，是中国历史上使用朝代最多、存在时间最长的皇宫。

未央宫遗址被国务院公布为第一批全国重点文物保护单位。2014 年，未央宫遗址作为中国、哈萨克斯坦和吉尔吉斯斯坦三国联合申遗的“丝绸之路：长安—天山廊道的路网”中的一处遗址点成功列入《世界遗产名录》。

未央宫电脑复原图

原典

《汉武帝故事》曰：帝崩后见形，谓陵令[①]薛平曰：吾虽失势，犹为汝君，奈何令吏卒上吾陵磨刀剑乎？自今以后，可禁之。平顿首[②]谢，因不见。推问陵傍，果有方石，可以为砺[③]，吏卒常盗[④]磨刀剑。霍光[⑤]欲斩之，张安世[⑥]曰：神道茫昧，不宜为法。乃止。

注释

① 陵令：即守卫汉武帝的陵墓茂陵的官长。

② 顿首：磕头，旧时礼节之一。

③ 砺：磨刀石。

④ 盗：偷偷地。

⑤ 霍光：汉霍去病异母弟，字子孟，受遗诏，辅佐幼主。

⑥ 张安世：汉张汤之子，字子孺。

译文

《汉武帝故事》说：武帝死后，曾显灵对陵令薛平说：我虽已失势，但到底还是你的君主，怎么可以让下吏兵卒之辈到我陵上来磨刀剑呢？从今以后，你要禁止他们。薛平叩头请罪，武帝忽然不见了。他去查问，果然陵墓旁边有一块方石，可以当磨石用，下吏兵卒常常偷偷地在那里磨刀剑。霍光想把那些人杀了，张安世说：神道之事幽渺难知，不宜作为执法的依据。于是才作罢。

原典

秦始皇大兴厚葬①，营建冢圹②于丽戎之山，一名蓝田③，其阴多金，其阳多玉，始皇贪其美名，因而葬焉。斩山凿石，下锢④三泉，以铜为椁⑤，旁行⑥周回三十余里，上画天文星宿之象，下以水银为四渎⑦、百川、五岳⑧、九州岛，具地理之势。宫观百官，奇器珍宝，充满其中。令匠作机弩⑨，有所穿近，辄射之。以人鱼膏⑩为灯烛，取其不灭者久之。后宫无子者，皆使殉葬甚众。坟高五丈，周回五里余，作者⑪七十万人，积年方成。而周章⑫百万之师，已至其下，乃使章邯⑬领作者以御难⑭，弗能禁。项羽入关，发之，以三十万人三十日运物不能穷。关东盗贼，销⑮椁取铜，牧人寻羊烧之，火延九十日不能灭。

译文

秦始皇大搞厚葬，在丽戎之山——又名蓝田——营建墓地，山北多金，山南多玉，秦始皇贪

注释

①厚葬：隆重而豪华地埋葬去世的人。

②冢圹：坟墓。

③蓝田：即蓝田山，今陕西省蓝田县东南。丽戎之山实际上是蓝田山之北山。

④锢：禁止、阻止。

⑤椁：古代套在棺材外面的大棺材。

⑥旁行：遍行、到处。

⑦四渎：古人对四条独流入海的大川的总称，即江（长江）、河（黄河）、淮、济。

⑧五岳：我国五大名山的总称，古书中记载各异。

⑨机弩：古代用机械发射的强弓。

⑩人鱼膏：鲵鱼的膏脂。人鱼，即鲵鱼，俗称娃娃鱼。

⑪作者：修筑工人。

⑫周章：陈涉时人。《史记·秦始皇本纪》：“（秦二世）二年冬，陈涉所遣周章等将西至戏，兵数十万。”其余不详。

⑬章邯：秦二世时官少府。陈涉兵起，二世使章邯发骊山徒拒之，击杀周章。

⑭御难：抵御灾难。

⑮销：融化、消融。

它的美名，因而葬在这里。他命人劈山凿石，在墓穴下面堵死地下水，用铜铸造棺椁，墓穴周围三十多里，上面画了天文星宿的图像，下面用水银模拟天下的四渎、百川，还有五岳、九州，地理形势无不具备。墓内还置宫观百官官署，堆满奇器珍宝。又令工匠制作装置了机关的弩，有人入内行近，就发弩射死。墓内用人鱼膏做灯烛，取其能久燃不灭。后宫没有生过儿子的妃嫔，殉葬的极多。坟高五丈，周围五里多，筑陵动用了七十万人，接连好几年方才告成。但周章的百万大军却已打到陵墓下面了，于是派章邯率领筑陵役夫去抵抗，却约束不住这批人。项羽入关后，掘开了陵墓，用三十万人搬运墓内葬品，接连三十天还搬不完。关东盗贼熔化铜棺来取铜，牧人寻羊放火烧陵，大火一连烧了九十天都不能扑灭。

秦始皇墓地所在地

渭　水

由于渭水在这一卷中流经关中平原——汉族的发祥之地，而丰镐、咸阳和长安，从西周到汉，都在渭水流域之中，《水经注》对从西周到秦汉的这个汉族发祥的政治、经济、文化中心，在自然景观和人文景观上有许多记叙。

卷二十

漾水、丹水

原典

汉水[①]北，连山秀举[②]，罗[③]峰竞峙。祁山[④]在嶓冢之西七十许里，山上有城，极为岩固[⑤]。昔诸葛亮攻祁山，即斯城也。汉水迳其南，城南三里有亮故垒[⑥]，垒之左右犹丰茂宿草[⑦]，盖亮所植也，在上邽[⑧]西南二百四十里。《开山图》[⑨]曰：汉阳[⑩]西南有祁山，蹊径[⑪]逶迤，山高岩险，九州之名阻，天下之奇峻。今此山于众阜之中，亦非为杰矣。

注释

祁 山

①汉水：即西汉水，源出甘肃省天水市南嶓冢山。

②秀举：高耸。

③罗：罗列、广布。

④祁山：在今甘肃省礼县东。

⑤岩固：险要而坚固。

⑥垒：军营。

⑦宿草：久植的荒草。

⑧上邽：古县名，今甘肃省天水市。

⑨《开山图》：《隋书·经籍志》载：《遁甲开山图》共三卷，荣氏撰，其余不详。

⑩汉阳：今甘肃省天水市、礼县一带。

⑪蹊径：小路。

译文

汉水北面连绵不断的群山高耸突兀，广布的山峰竞相争高。祁山就在嶓冢山西约七十里处，山上有个小城，十分坚固险要，从前诸葛亮进攻祁山时，攻的就是这个小城。汉水流经小城南，城南三里处有诸葛亮军营的故址，周围全是茂盛的荒草，那大概是诸葛亮当年种植的，地点是在上邽西南二百四十里。《开山图》说：汉阳西南有祁山，山径曲折逶迤，山峰高峻，岩崖陡峭，是九州著名的险要之地，是天下罕见的高山峻岭。可是此山只是置身于一群低丘之间，也就算不上很雄伟了。

汉水风光

原典

《续汉书》曰：虞诩[①]为武都太守，下辨[②]东三十余里有峡，峡中白水生大石，障塞[③]水流，春夏辄溃溢[④]，败坏城郭。诩使烧石，以醯[⑤]灌之，石皆碎裂，因镌[⑥]去焉，遂无泛溢之害。

注释

① 虞诩：东汉陈国武平（今河南省鹿邑县）人，字升卿，一说定安。

② 下辨：古县名，秦置，今甘肃省成县西北。

③ 障塞：阻碍堵塞。

④ 溃溢：喷涌漫溢。

⑤ 醯：醋。

⑥ 镌：凿。

译文

《续汉书》说：虞诩任武都太守时，下辨东面三十多里处有一条山峡，白水在峡中流过，水中有一块巨石，阻塞了水流，每年春夏洪水泛滥，冲毁城墙。虞诩派人用火来烧巨石，再用醋浇注，巨石碎裂，然后把其凿掉，从此以后就不再有泛滥之灾了。

原典

虞诩为郡，漕[①]谷布在沮，从沮县[②]至下辨，山道险绝，水中多石，舟车不通，驴马负运，僦[③]五致一。诩乃于沮受僦直[④]，约[⑤]自致之，即将吏民按行[⑥]，皆烧石榍[⑦]木，开漕船道，水运通利，岁省万计，以其僦廪与吏士，年四十余万也。

译文

虞诩任郡守时，要把沮县的粮食和布匹转运到下辨，从沮县到下辨，山路险峻难行，水道礁石密布，车船都不通行，用驴马驮运，运费高昂，能运到的只有五分之一。于是虞诩就在沮县领了租赁费，约定亲自送到，他就率领属吏和百姓，巡行督察，点燃木柴，烧裂水中礁石，这样开辟出一条漕运的水道，于是水运畅通，每年节省运费数以万计。他就把留作租赁的运费分给下属和百姓，每年达四十多万。

注释

① 漕：水运。

② 沮县：古县名，西汉置，今陕西省略阳县东。

③ 僦：租赁。

④ 僦直：租赁费。

⑤ 约：约定。

⑥ 按行：巡查、巡视。

⑦ 榍：《后汉书·虞诩传》作“烧石翦木”，段熙仲认为“翦”当为“榍”之异体，意为“除去”。

漾 水

《续汉书》记叙的主要是漾水，记及丹水的篇幅很小。但《经》《注》对于漾水的记叙，却都是错误的，这是由于《禹贡》的影响，因为《禹贡》说："嶓冢导漾，东流为汉。"意思是，漾水发源于嶓冢山，向东而流，就是汉水。汉水是自古有名的大河，《禹贡》错误地把漾水当作汉水的上源，《水经》继承了《禹贡》的错误，所以《经》文开头就说：漾水发源于陇西郡氐道县的嶓冢山，东流到武都郡的沮县就是汉水。其实东流到沮县的不是汉水，而是西汉水。西汉水和汉水是两条完全不同的河流，但古人错误地认为西汉水就是汉水的上源，所以这种错误就沿袭下来了。《水经注》显然也犯了这种错误。

卷二十一

汝 水

原典

余以永平中蒙除鲁阳太守①，会②上台③下列《山川图》，以方志④参差，遂令寻其源流。此等⑤既非学徒⑥，难以取悉⑦，既在迳见⑧，不容⑨不述。今汝水⑩西出鲁阳县⑪之大盂山蒙柏谷，岩鄣⑫深高⑬，山岫⑭邃密⑮，石径崎岖，人迹裁交⑯，西即卢氏⑰界也。其水东北流迳太和城西，又东流迳其城北，左右深松列植，筠⑱柏交荫⑲，尹公度⑳之所栖神处也。又东届尧山西岭下，水流两分，一水东迳尧山㉑南，为滍水㉒也。即《经》所言滍水出尧山矣。一水东北出为汝水，历蒙柏谷，左右岫壑争深，山阜竞高，夹水层松茂柏，倾山荫渚，故世人以名也。

注释

① 鲁阳太守：鲁阳郡的最高行政长官。鲁阳：古郡名，北魏置，今河南省鲁山县。

② 会：恰逢、遇上。

③ 上台：朝廷、上级。

④ 方志：有关地方风俗、物产、舆地等记载的书籍。

⑤ 此等：奉命探寻源流的人。

⑥ 学徒：学人、读书人。

⑦ 取悉：获取全面情况。

⑧ 迳见：经历、亲见。

⑨ 不容：不能。

⑩ 汝水：古水名，今称汝河，淮河的支流。

⑪ 鲁阳县：古县名，汉置，今河南省鲁山县。

译文

我在永平年间受命出任鲁阳太守，上任时正逢上级官署要求各地列出《山川图》，因地方志说法各不相同，就命我们探寻诸水的源流。参加此项工作的既然不是专家，就很难获得详尽正确的情况，本人既然参加了实地考察，因而不得不做些具体说明。汝水发源于西面鲁阳县大盂山的蒙柏谷，那里重峦叠嶂，峡谷深幽，石径崎岖，人迹罕至，西边靠近卢氏县边界。汝水向东北流经太和城西，又东流经过城北，左右两岸青松成行，绿竹和翠柏枝叶相接，这是尹公度安息的地方。汝水又东流到尧山西岭下，分为两支。一支向东流经尧山南，叫滍水。就是《水经》里所说的：滍水发源于尧山。另一支向东北流，就是汝水，流经蒙柏谷，两边幽谷争深，山峰竞高，川流两岸都是密密层层的青松和茂盛的翠柏，浓荫覆盖着群山和水滨，因而人们称其蒙柏谷。

⑫ 岩鄣：岩石形成的阻障，这里指岩石。

⑬ 深高：高耸。

⑭ 山岫：山峦。

⑮ 邃密：幽深浓密。

⑯ 裁交：罕至。裁，稍微。交，交错。

⑰ 卢氏：古县名，汉置，今河南省卢氏县。

⑱ 筠：竹子。

⑲ 交荫：交互遮蔽。

⑳ 尹公度：尹轨，字公度，是周朝有道之士，博学五经，尤明天文、星气、河洛、谶纬，后到太和山中，仙去。

㉑ 尧山：今河南省汝阳县西南。

㉒ 滍水：古水名，即今河南省鲁山县、叶县境内的沙河。

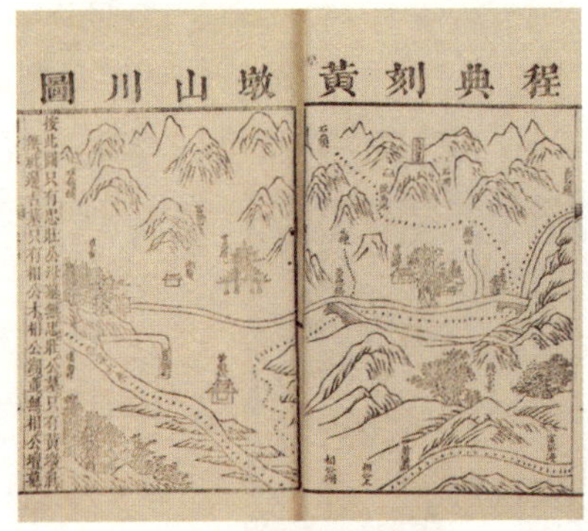

《山川图》部分

原典

汝水又东南迳下桑里，左迤[1]为横塘陂[2]，又东北为青陂者也。汝水又东南迳壶丘城[3]北，故陈[4]地。《春秋左传·文公九年》，楚侵陈，克壶丘，以其服于晋是也。汝水又东与青陂合，水上承慎水[5]于慎阳县之上慎陂。右沟，

北注马城陂，陂西有黄丘亭。陂水又东迳新息亭[6]北，又东为绸陂；陂水又东迳新息县[7]，结为墙陂；陂水又东迳遂乡[8]东南而为壁陂；又东为青陂，陂东对大吕亭。《春秋外传》[9]曰：当成周[10]时，南有荆蛮[11]申、吕，姜姓[12]矣，蔡平侯始封也。西南有小吕亭，故此称大也。侧陂南有青陂庙，庙前有陂。汉灵帝建宁三年，新蔡[13]长河南缑氏李言，上请修复青陂，司徒臣训、尚书臣袭，奏可洛阳宫，于青陂东塘南树碑，碑称青陂在县坤[14]地，源起桐柏[15]淮川别流，入于潺湲，迳新息墙陂，衍入褒信[16]界，灌溉五百余顷。陂水又东分为二水，一水南入淮，一水东南迳白亭北，又东迳吴城[17]南。《史记》：楚惠王二年，子西召太子建之子胜于吴，胜入居之，故曰吴城也。又东北屈迳壶丘东而北流，注于汝水，世谓之薄溪水。汝水又东迳褒信县故城北而东注矣。

汝 河

注释

① 迤：延伸。

② 横塘陂：在今河南省新蔡县东。

③ 壶丘城：古邑名，故址在今河南省新蔡县东南。

④ 陈：周朝国名，今河南省淮阳县及安徽省亳州市一带。

⑤ 慎水：在今河南省正阳县南。

⑥ 新息亭：在今河南省息县。

⑦ 新息县：古县名，汉置，今河南省息县。

⑧ 遂乡：熊会贞认为当为“阳遂乡”。今河南省新蔡县。

⑨《春秋外传》：即《国语》，记载周王朝及诸侯各国之事。有人认为《左传》《国语》同为左丘明所作。

⑩ 成周：指周公辅佐成王的兴盛时代。

⑪ 荆蛮：古代中原人对楚、越或南人的称呼。

⑫ 姜姓：炎帝生于姜水，因生以为姓。

⑬ 新蔡：古县名，秦置，今河南省新蔡县。

⑭ 坤：古以八卦定四方，西南方向为坤。

⑮ 桐柏：山名，在今河南省桐柏县西南。

⑯ 褒信：古县名，东汉置，今河南省息县东北包信镇。

⑰ 吴城：今河南省新蔡县。

译文

汝水从东南流经下桑里，向左面分支流出的是横塘陂，从东北流是青陂。汝水从东南流，经壶丘城北，这是昔时陈的地域。《春秋左传·文公九年》记载，楚国入侵陈，攻下壶丘，因为陈臣服于晋。汝水又东流，与青陂汇合，青陂水上流在慎阳县的上慎陂。右沟承接慎水，北流注入马城陂，马城陂西有个黄丘亭。陂水又东流，经新息亭北面，又东流是绸陂；陂水又东流经新息县，积成墙陂；陂水又东流经遂乡东南，形成壁陂；又东流形成青陂，青陂东对大吕亭。《春秋外传》说：成周的时候，南面荆蛮的申、吕二国都姓姜，最初受封在这里的是蔡平侯。因西南有小吕亭，所以此处称为大吕亭。陂塘旁边，南有青陂庙，庙前有池塘。汉灵帝建宁三年，河南缑氏李言任新蔡县官，向朝廷请求修复青陂，司徒许训、尚书闻人袭在洛阳宫向皇帝上奏获准，在青陂东塘南立碑，碑文说青陂坐落在该县西南，发源于桐柏山淮川的别支，最后汇入潺湲，流经新息县的墙陂，流入褒信边界，灌溉田地五百多顷。陂水又东流，分为两支，一支南流注入淮水；另一支东南流，经过白亭北面，又东流经过吴城南面。《史记》说：楚惠王二年，子西把太子建的儿子胜召到吴国，胜后来就长居于此城，所以称吴城。又向东北流，经壶丘东而北流，注入汝水，人们称为薄溪水。汝水又东流，经褒信县老城北面，然后又向东流去。

汝水秋声

姜　石

汝河，在汝州市境内，又名北汝河，以别于驻马店境内的汝河（南汝河），发源于洛阳市嵩县车村镇栗树街村南山中，从汝州市临汝镇南王庄附近流入平顶山市境内，流经汝阳、汝州、郏县、宝丰，途经襄城县掉头向南，沿叶县、襄城县边境流出平顶山。汝河，在汝州市境内长约100千米，流域面积约3000平方千米，是汝州市境内最大的一条河流。

“汝水秋声”是郏县八大景之一，即深秋晴天的夜里，汝河流水的声音悦耳动听，能传数千米，类似武侠小说里的“千里传音”，似乎有一种穿透力。它发生的河段就在汝河支流——石河上下。

石河入汝水口，一块大姜石首当其冲。石因形名，像吃的生姜一样，沟沟回回，充满罅隙。据说，姜石里面还有中空的部分，所以又得“姜石棚”之名。姜石之大，尽管处于要冲，却水流石不走。姜石水域，深且险，有旋涡。据说，当年日本鬼子在此过河，逼迫一当地人蹚河试水。这人却好水性，会踩水。他下面踩水，上身露出水面游到北岸。鬼子见水浅，遂下水过河，不料，前面几个鬼子“扑腾扑腾”掉进去，卷进旋涡里去了。等鬼子明白过来开枪时，这人早已潜入水底，游到下游了。

姜石上下的河段，河道宽阔，枯水时节若不断流，则是浅滩，这与“汝水秋声”的形成有无因果关系呢？听当地人讲，夜里在家中就能听见汝河水声，声音清越，悦耳动听。但只有秋后天晴的日子里才能听得到。奇特的是，夜里只要一听见河水响，就知道第二天肯定是晴天。

卷二十二

颍水、洧水、潩水、潧水、渠水

原典

颍水又东，五渡水[①]注之，其水导源密高县[②]东北太室东溪。县，汉武帝置，以奉太室山，俗谓之崧阳城。及春夏雨泛，水自山顶而迭相[③]灌澍，嵱[④]流相承，为二十八浦[⑤]也。旸旱[⑥]辍津，而石潭不耗，道路游憩者，惟得餐饮而已，无敢澡盥[⑦]其中，苟不如法，必数日不豫[⑧]，是以行者惮之。山下大潭，周数里，而清深肃洁。水中有立石，高十余丈，广二十许步，上甚平整，缁素[⑨]之士，多泛舟升陟[⑩]，取畅幽情。其水东南迳阳城[⑪]西，石溜萦委，溯者五涉，故亦谓之五渡水，东南流入颍水。

注释

①五渡水：古水名，因“溯者五涉”（上行的人要渡河五次）而得名，颍水上游的一条支流，在今河南省登封市东南。

②密高县：一作嵩高县，古县名，汉置，今河南省登封市。下文的“崧阳城”亦指此处。

③迭相：相继。

④嵱：山崖。

⑤浦：水流。

⑥旸旱：晴朗干旱。

⑦盥：洗手。

⑧不豫：不舒适，得疾病。

⑨缁素：僧徒和俗众。

⑩升陟：攀登。

⑪阳城：古县名，秦置，今河南省登封市东南。

译文

颍水之景——登封少林寺

颍水又东流，五渡水注入，五渡水发源于密高县东北太室东溪。密高县是汉武帝时为奉祀太室山而设置的，俗称崧阳城。每逢春夏多雨时，一股又一股的山水从山顶流泻而下，崖水和溪流相接，形成二十八浦。干旱季节山涧溪流断水，但石潭仍不干涸，过路行人、游客在此歇息，只能舀点儿水喝罢了，没有人敢在潭水中洗澡或洗手，如果有人不遵守这个规矩，一定会有好几天不得安宁，因此行人都有点儿畏惧。山下有个大潭，周围数里，潭水清深洁净。水中有一块屹立的巨石，高十多丈，顶端非常平整，宽有二十来步，僧俗人士常划船到那里，爬到顶上，尽情地观赏水光山色，抒发幽远的情怀。五渡水东南流经阳城西，石涧萦回曲折，上行的人要过五次水，因此也叫五渡水，东南流，注入颍水。

原典

东南流，迳汉弘农太守[①]张伯雅墓，茔域[②]四周，垒石为垣，隅阿相降[③]，列于绥水之阴[④]。庚门[⑤]表二石阙，夹对[⑥]石兽于阙下。冢前有石庙，列植三碑，碑云：德字伯雅，河南密人也。碑侧树两石人，有数石柱及诸石兽矣。旧引绥水南入茔域，而为池沼，沼在丑地[⑦]，皆蟾蠩[⑧]吐水，石隍[⑨]承溜。池之南，又建石楼、石庙，前又翼列诸兽。但物谢时沦，凋毁殆尽，夫富而非义，比之浮云[⑩]，况复此乎？王孙、士安，斯为达矣。

注释

①弘农太守：弘农郡的最高行政长官。

②茔域：坟地。

③隅阿相降：这里指隅与阿相互承接。

④阴：山北水南为阴。

⑤庚门：西门。

⑥夹对：两边对立。

⑦丑地：熊会贞认为丑土属中央。

⑧蟾蠩：通称癞蛤蟆。

⑨石隍：石涧。

⑩富而非义，比之浮云：出自《论语·述而》：“不义而富且贵，于我如浮云。”

译文

水向东南流，经过弘农太守张伯雅墓旁，墓地四周是石块砌的围墙，沿山坡迤逦而下，隅与阿相互承接，坐落在绥水南面。西门立有两座石阙，阙下夹道对列着两只石兽。墓前有石庙，排着三块石碑，碑上的题字是：德字伯雅，河南密县人。碑旁立着两座石人，还有几根石柱和一些石兽。从前引了绥水南流进入墓园，蓄水造成池沼，池在墓园中央，池上有石雕蛤蟆吐水，泻入石池中。池沼南面，又建了石楼、石庙，前面两旁排列着一些石兽，但因年代久远，物换星移，差不多都凋零毁坏了。不义而来的富贵，对于我来说尚且像浮云一样看不起，更何况这些东西呢！杨王孙裸葬，皇甫士安以竹席裹尸，这可真说是旷达了。

原典

今县城东门南侧，有汉密令①卓茂祠。茂字子康，南阳宛人，温仁②宽雅，恭而有礼。人有认其马者，茂与之，曰：若非公马，幸至丞相府归我。遂挽③车而去，后马主得马，谢而还之。任汉黄门郎④，迁密令，举善而教，口无恶言，教化大行，道不拾遗，蝗不入境，百姓为之立祠，享祀⑤不辍矣。

注释

① 密令：密县的县令。

② 温仁：温和仁慈。

③ 挽：用手牵拉。

④ 黄门郎：即黄门侍郎，属省内官员，常随侍君主左右。

⑤ 享祀：祭祀。

译文

现在县城东门南侧，有汉时密县县令卓茂祠。卓茂字子康，南阳宛人，为人温文尔雅，宽厚仁慈，待人恭敬有礼。一次，有个人误认他的马是自己的，卓茂就把马给他，说：这马如果不是您的，请您送到丞相府还我。说罢拉着车就走了。后来那个人找回了自己的马，就把马送还了卓茂，并向他道歉。卓茂任汉朝黄门郎，调密县县令，他提拔善良的人来进行教育，口里不出恶言，于是社会风气大为改良，道不拾遗，连蝗虫也不再侵入境内，百姓为他立祠，死后享受祭祀，从没有停止过。

原典

渠水①自河与济乱流，东迳荥泽②北，东南分济，历中牟县③之圃田泽，北与阳武④分水。泽多麻黄草⑤，故《述征记》⑥曰：践⑦县境便睹斯卉，穷⑧则知逾界。今虽不能，然谅⑨亦非谬。《诗》所谓东有圃草⑩也。皇武子曰：郑

之有原圃，犹秦之有具囿。泽在中牟县西，西限长城[11]，东极官渡[12]，北佩[13]渠水，东西四十许里，南北二十许里，中有沙冈，上下二十四浦[14]，津流径通，渊潭相接。各有名焉：有大渐、小渐、大灰、小灰、义鲁、练秋、大白杨、小白杨、散吓、禺中、羊圈、大鹄、小鹄、龙泽、蜜罗、大哀、小哀、大长、小长、大缩、小缩、伯丘、大盖、牛眼等。浦水盛则北注，渠溢则南播。故《竹书纪年》[15]，梁惠成王十年，入河水于甫田，又为大沟而引甫水者也。

译文

渠水出自河水，与济水乱流，东流经荥泽北，东南流，从济水分支而出，流经中牟县的圃田泽，与北面的阳武县以水为分界。泽中多麻黄草，所以《述征记》说：一踏入县境，到处可以看见这种草，待到这种草不见了，就知道过了县界了。今天虽然不能按此来分，但想来这话确实不是乱说的。《诗经》里说的东有圃草，就指的是这种麻黄草。皇武子说：郑国有原圃，正像秦国有具囿一样。圃田泽在中牟县西，西界长城，东到官渡，北连渠水，东西约四十里，南北约二十里，泽中有沙冈，上下有二十四浦，河渠相通，深潭相接。各浦都有名称：有大渐、小渐、大灰、小灰、义鲁、练秋、大白杨、小白杨、散吓、禺中、羊圈、大鹄、小鹄、龙泽、蜜罗、大哀、小哀、大长、小长、大缩、小缩、伯丘、大盖、牛眼等，浦水大涨就向北流注，渠水满溢就向南注入。所以《竹书纪年》载，梁惠成王十年，浦水在甫田入河水，又开凿大沟引流甫水。

注释

①渠水：淮河的支流。或称“渠”，或称“渠沙水”。

②荥泽：古湖名，在今河南省浚县西。

③中牟县：古县名，汉置，今河南省中牟县。

④阳武：古县名，秦置，今河南省原阳县。

⑤麻黄草：亦称草麻、麻黄，一种多年生草本植物。

⑥《述征记》：晋人郭缘生撰。

⑦践：进入。

⑧穷：尽、无。

⑨谅：的确、确实。

⑩东有圃草：出自《诗经·小雅·车攻》。

⑪长城：为魏、韩所修筑，自卷县（今河南省原阳县）至阳武县为魏所筑，自阳武至密（今河南省新密市）为韩所筑。

⑫官渡：今河南省中牟县东北。

⑬佩：这里是比喻，把“渠水”比作装饰品佩戴在“圃田泽”中，引申有“连接”意。

⑭浦：水流。

⑮《竹书纪年》：晋武帝时出土的写在竹简上的战国古书，是完成于战国末年的魏国史书。

原典

汉和帝时，右扶风[①]鲁恭，字仲康，以太尉掾[②]迁中牟令[③]，政专德化，不任刑罚，吏民敬信，蝗不入境。河南尹[④]袁安疑不实，使部掾[⑤]肥亲按行之，恭随亲行阡陌[⑥]，坐桑树下，雉止其旁，有小儿。亲曰：儿何不击雉？曰：将雏[⑦]。亲起曰：虫不入境，一异；化及鸟兽，二异；竖子[⑧]怀仁，三异。久留非优贤[⑨]，请还。是年嘉禾[⑩]生县庭，安美[⑪]其治，以状[⑫]上之，征博士[⑬]侍中。车驾每出，恭常陪乘，上顾问民政，无所隐讳，故能遗爱[⑭]，自古祠享[⑮]来今矣。

注释

① 右扶风：汉三辅之一。西汉置，今陕西省西安市西北。

② 太尉掾：太尉府中的属官。

③ 中牟令：中牟县令。

④ 河南尹：河南郡的主管官吏。河南，古郡名，汉置，今河南省洛阳市。

⑤ 部掾：颜师古曰："所部之掾也。"即河南尹的属吏。

⑥ 阡陌：田间交错的小路。

⑦ 将雏：带领幼儿。

⑧ 竖子：孩童。

⑨ 优贤：尊重贤人。

⑩ 嘉禾：生长特殊的禾苗，如一茎三四穗等。古人认为这是吉祥的征兆。

⑪ 美：赞美、赞扬。

⑫ 状：文体名，向上级陈述意见或事实的文书。

⑬ 博士：古代学官名，汉武帝置"五经博士"后，博士有参与朝政的、有奉使出差的、有顾问应对的，但职掌偏重于治经教学。

⑭ 遗爱：留给后人值得怀念的品德和功绩。

⑮ 祠享：立祠祭献。

译文

汉和帝时，右扶风鲁恭，字仲康，从太尉掾调任中牟令，他致力于政事，专以德进行教化，不用刑罚，官吏、百姓都十分尊敬和推崇他，连蝗虫都不飞入县境。河南府尹袁安怀疑所闻不实，派部属肥亲去巡察，鲁恭跟着肥亲走过田间小路，坐在一棵桑树下，这时有一只雉鸡停息在树旁，还有一个小孩也在。肥亲问小孩道：你为什么不捉这只雉鸡呢？小孩回答道：它正带着一群小雉鸡呢！肥亲站起来道：蝗虫不入县境，是一奇；教化及至鸟兽，是二奇；儿童怀有仁心，是三奇。久留并不是优待贤人的做法，让我回去吧。这一年，县府庭院里长出特别的禾苗，袁安赞赏他的政绩，写了嘉奖状上奏朝廷，鲁恭被征聘为博士侍中。皇上每次车驾出门，鲁恭常在旁陪伴，皇上问及民政诸事，他都直言不讳，所以至今得到民间的敬爱，自古以来立祠享祭，从未间断。

原典

又东迳大梁城[①]南，本《春秋》[②]之阳武高阳乡也，于战国为大梁[③]，周梁伯[④]之故居矣。梁伯好土功[⑤]，大其城，号曰新里[⑥]，民疲而溃，秦遂取焉。后魏惠王[⑦]自安邑徙都之，故曰梁耳。《竹书纪年》：梁惠成王[⑧]六年四月甲寅，徙都于大梁是也。秦灭魏以为县，汉文帝封孝王于梁，孝王以土地下湿，东都睢阳[⑨]，又改曰梁，自是置县。以大梁城广，居其东城夷门之东，夷门，即侯嬴[⑩]抱关处也。《续述征记》以此城为师旷城，言郭缘生曾游此邑，践夷门，升吹台[⑪]，终古之迹，缅[⑫]焉尽在。

译文

渠水又东流，经大梁城南，这里原是《春秋》中说到的阳武高阳乡，到战国时称为大梁，是周朝梁伯的故居。梁伯喜欢大兴土木，扩大城区，称为新里，百姓疲困不堪，纷纷逃亡，秦国乘机夺取了此城。后来魏惠王从安邑迁都到这里，所以也称之为梁。《竹书纪年》载：梁惠成王六年四月甲寅，迁都到大梁。秦灭魏后立为县，汉文帝把梁封给孝王，孝王因为这里地势低洼潮湿，把都城移到东面的睢阳，又改称梁，自此以后，就在这里立县。因为大梁城范围很大，就把县治设在东城夷门的东边，夷门就是当年侯嬴守门的地方。《续述征记》以为此城就是师旷城，说郭缘生曾经游历此城，到过夷门，登上吹台，这些从遥远的古代留下的遗迹，今天都还在。

注释

① 大梁城：古城名，今河南省开封市西北。

②《春秋》：相传为孔子所编定的鲁国的编年史。

③ 大梁：战国魏都城，今河南省开封市。

④ 梁伯：周朝的诸侯国梁的国君。嬴姓之国，属公、侯、伯、子、男五爵中的伯爵。

⑤ 土功：指大兴土木之事。

⑥ 新里：今河南省开封市。

⑦ 魏惠王：战国魏武侯之子，名罃，自安邑徙治大梁，故亦称梁惠王。

⑧ 梁惠成王：即上文的魏惠王。

⑨ 睢阳：古县名，秦置，今河南省商丘市南。以在睢永之阳得名。

⑩ 侯嬴：战国魏隐士，年七十，家贫，为大梁夷门监者，信陵君驾车自迎为上客。

⑪ 吹台：今河南省开封市东南。

⑫ 缅：尽。

颍 水

颍水今称颍河，自从汝水水道变迁后，成为淮河的最大支流，发源于河南省登封市附近的嵩山，东南在安徽省颍上县附近注入淮河，全长约600千米。洧水今称洧河，是颍水的支流，上流称为双洎河，在河南省彭店以东注入贾鲁河。从今洧川到彭店一段，雨季有水，干季枯水，形成一种季节河现象。北魏时的河道与水文显然不是如此，假使当时也像现在这样是一条全长只有70千米而水流枯塞的河流，《水经注》是不会立题成篇的。潩水今称潩河，发源于河南省许昌市以西，东南流至西华县逍遥镇以东汇合清流河而注入颍河。因河流短小，今除了大比例尺地图外，一般地图已不标此河。潧水又名溱水，是洧河的支流，河流短小，一般地图已不标此河。渠是淮河的支流，但这条河流在名称上有一些问题。

卷二十三

阴沟水、汳水、获水

原典

汳水[①]又东迳葛城北，故葛伯[②]之国也。孟子曰：葛伯不祀。汤问曰：何为不祀？称无以供祠祭。遗[③]葛伯，葛伯又不祀。汤又问之，曰：无以供牺牲[④]。汤又遗之，又不祀。汤又问之，曰：无以供粢盛[⑤]。汤使亳[⑥]众往，为之耕，老弱馈[⑦]食。葛伯又率民夺之，不授者则杀之，汤乃伐葛。葛于六国[⑧]属魏，魏安釐王[⑨]以封公子无忌，号信陵君，其地葛乡[⑩]，即是城也，在宁陵县西十里。

注释

① 汳水：古水名，在今河南省境内。

② 葛伯：夏时诸侯，为殷所灭，以葛伯为氏。

③ 遗：赠送。

④ 牺牲：古代为祭祀而宰杀的牲畜。

⑤ 粢盛：古代盛在祭器内供祭祀的谷物。

⑥ 亳：古都邑名，今河南省商丘市。

⑦ 馈：赠送。

⑧ 六国：指战国时位于函谷关以东的齐、楚、燕、韩、赵、魏六国。

⑨ 魏安釐王：战国魏昭王子，名圉，谥号安釐。

⑩ 葛乡：今河南省宁陵县南。

译文

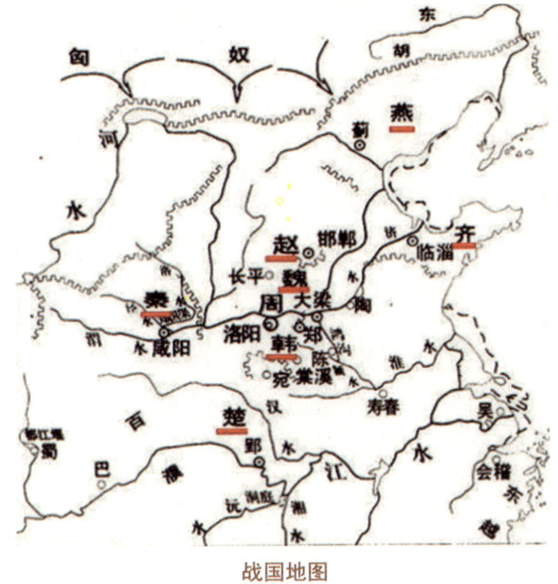

战国地图

汳水又东流经葛城北，葛城是过去的葛伯之国。孟子说：葛伯不祭祀。汤问道：为什么不祭祀？葛伯回答说：没有供品可以祭祀。汤给葛伯送去供品，葛伯仍不祭祀。汤又问他，葛伯回答说：没有牛羊供祭。汤又送给他牛羊，葛伯还是不祭祀。汤又问他，葛伯答道：没有谷物供祭。汤就从亳派了许多人去为他耕种，让老弱的人去送饭。葛伯又领了一批人去夺取，不肯给他的人，就把他们杀掉，汤于是才出兵伐葛。葛在六国时属于魏国，魏安釐王把这个地方封给公子无忌，封号叫信陵君，这个地方叫葛乡，就是这里的葛城，位于宁陵县西十里。

阴沟水

阴沟水是古代淮河水系的河流。《经》文说：“阴沟水出河南阳武县蒗荡渠。”蒗荡渠就是卷二十二的《渠》（又作渠水或渠沙水），说明此水是从渠水分流出来的。但《经》文后来又说：“东南至沛，为过水。”所以它的下流注入过水。从这一句《经》文以下，《注》文记载的全是过水及过水的其他支流，最后出现的一条支流是北肥水，一直写到过水入淮，从此不再提及阴沟水，历史上这一带河流变迁很大，河流名称与河流本身都很不稳定。

汳水也是鸿沟水系的河流之一，《经》文说“汳水出阴沟于浚仪县北”，说明三国时代的汳水是从阴沟水分出来的一条支流。《注》文解释《经》文：“阴沟，即蒗荡渠也，亦合汲受旃然水，又云丹、沁乱流，子武德绝河，南入荥阳合汲，故汲兼丹水之称。”说明在北魏时代，虽然浚仪、荥阳都在郦道元可以考察的北魏疆域之内，但由于河道播迁，河名改易，别名众多，所以在当时就分辨不清楚了。获水按《经》文所说：“（汲水）又东至梁郡蒙县，为获水，余波南至睢阳城中。”又说：“获水出汲水于梁郡蒙县北。”由此看来，古代获水是汲水的下流。获水最后注入泗水，这在《经》文和《注》文中是一致的。这些水道，现在当然都变迁了。

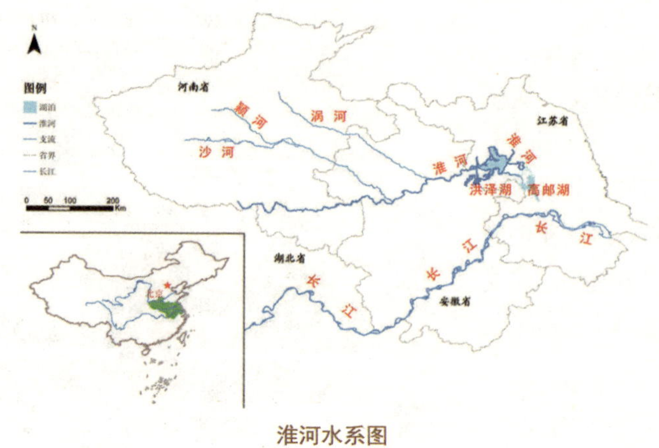

淮河水系图

卷二十四

睢水、瓠子河、汶水

原典

秦始皇二十二年以为砀郡[①]。汉高祖尝以沛公为砀郡长，天下既定，五年为梁国。文帝十二年，封少子武为梁王，太后之爱子、景帝宠弟也。是以警卫[②]貂侍，饰同天子，藏珍积宝，多拟京师；招延[③]豪杰，士咸归之，长卿之徒，免官来游。广睢阳[④]城七十里，大治宫观、台苑、屏榭，势并皇居。其所经构[⑤]也，役夫流唱，必曰《睢阳曲》，创传由此始也。城西门即寇先[⑥]鼓琴处也。先好钓，居睢水旁，宋景公问道不告，杀之。后十年，止此门鼓琴而去，宋人家家奉事之。南门曰卢门也。《春秋》：华氏居卢门里叛。杜预[⑦]曰：卢门，宋城南门也。司马彪《郡国志》曰：睢阳县有卢门亭，城内有高台，甚秀广[⑧]，巍然介立，超焉独上，谓之蠡台[⑨]，亦曰升台焉，当昔全盛之时，故与云霞竞远矣！《续述征记》[⑩]曰：回道似蠡，故谓之蠡台。非也。余按《阙子》，称宋景公使工人为弓，九年乃成。公曰：何其迟也？对曰：臣不复见君矣，臣之精尽于弓矣。献弓而归，三日而死。景公登虎圈之台，援弓东面而射之，矢逾于孟霜之山，集于彭城之东，余势逸劲，犹饮羽[⑪]于

石梁。然则蠡台即是虎圈台也，盖宋世牢虎所在矣。晋太和中，大司马[12]桓温入河，命豫州刺史袁真开石门，鲜卑[13]坚戍此台，真顿甲坚城之下，不果而还。蠡台如西[14]，又有一台，俗谓之女郎台。台之西北城中有凉马台，台东有曲池，池北列两钓台，水周六七百步。蠡台直东，又有一台，世谓之雀台也。城内东西道北，有晋梁王妃王氏陵表，并列二碑，碑云：妃讳粲，字女仪，东莱[15]曲城人也。齐北海府君之孙，司空东武景侯[16]之季女，咸熙元年嫔于司马氏，泰始二年妃于国，太康五年薨，营陵于新蒙之，太康九年立碑。东即梁王之吹台也，基陛阶础尚在，今建追明寺。故宫东即安梁之旧地也，齐周五六百步，水列钓台。池东又有一台，世谓之清泠台。北城凭隅，又结一池台。晋灼[17]曰：或说平台在城中东北角，亦或言兔园在平台侧。如淳曰：平台，离宫所在，今城东二十里有台，宽广而不甚极高，俗谓之平台。余按《汉书·梁孝王传》称：王以功亲为大国，筑东苑，方三百里，广睢阳城七十里，大治宫室，为复道，自宫连属于平台三十余里。复道自宫东出杨之门，左阳门，即睢阳东门也。连属于平台则近矣，属之城隅则不能，是知平台不在城中也。梁王与邹、枚、司马相如之徒，极游于其上，故齐随郡王《山居序》所谓西园多士，平台盛宾，邹、马之客咸在，《伐木》之歌屡陈，是用追芳昔娱，神游千古，故亦一时之盛事。

注释

①砀郡：古郡名，秦置，今河南省商丘市南。

②警卫：警戒保卫人员。

③招延：延请。

④睢阳：古县名，秦置，今河南省商丘市。以在睢水之阳得名。

⑤经构：建筑。

⑥寇先：春秋时宋国人，曾以钓鱼为业。

⑦杜预：西晋文学家，字元凯，京兆杜陵（今陕西省西安市东南）人，进爵当阳县侯，自称有“左传癖”，著有《春秋左氏传集解》传世。

⑧秀广：高耸广阔。

⑨蠡台：今河南省商丘市城内。即下文的“虎圈之台”。

⑩《续述征记》：晋人郭缘生撰。

⑪饮羽：中箭，箭头射入。

⑫大司马：官名，掌邦政，魏晋时位在三公之上。

⑬鲜卑：指鲜卑族慕容氏。

⑭如西：以西。

⑮东莱：古郡名，汉置，今山东省莱州市。

⑯司空东武景侯：指三国魏人王基，字伯舆，死后追赠司空，谥曰景侯。

⑰晋灼：晋朝河南（今河南省洛阳市）人，官至尚书郎，著《汉书音义》。

译文

秦始皇二十二年，在此设置砀郡。汉高祖曾以沛公的身份当过砀郡长，天下平定后，到秦始皇二十五年就以此地为梁国。汉文帝十二年，封小儿子刘武为梁王，刘武是窦太后的爱子、景帝的宠弟。因此梁王手下有警卫和侍从，穿戴与装饰同天子一样，储藏的金银珠宝多得可与京师相比。他延请天下豪杰，四方贤士纷至沓来，甚至如司马长卿之辈，也弃官来投奔他。他扩建睢阳城为七十里，在城内大兴土木，修建宫观苑囿、亭台屏榭，建得就像帝王的居处一样富丽堂皇。营建宫苑时，民夫们都传唱着《睢阳曲》，这首曲子就是从那时创作并开始流传下来的。城西门就是寇先弹琴的地方。寇先喜欢钓鱼，住在睢水岸边，宋景公向他询问道术，他不肯说，被宋景公杀了。十年后，他来到这座城门前弹琴之后离去，宋人家家户户都奉祀他。南门叫卢门。《春秋》记载：华氏居住在卢门里，后来反叛了。杜预说：卢门是宋城南门。司马彪《郡国志》说：睢阳县有卢门亭，城内有高台，极其高耸宽广，巍然矗立，超然独上，称为蠡台，又叫升台，从前在它极盛的时期，真可与云霞争高呢！《续述征记》说：登台的梯级回旋而上，像蠡（螺）一样而称为蠡台。其实不然。我查考过《阙子》，说宋景公叫工人为他制弓，九年才制成。宋景公问：为什么做得那么久？工人回答道：我不能再见你了，我把自己的全部精力都花在这张弓上了。那工人献了弓回家去，三天后就死了。景公登上虎圈台，拉弓搭箭向东方射去，箭飞过孟霜山，最后落在彭城东边，余势剩力，仍能深深穿进石桥中。那么蠡台就是虎圈台了，这是刘宋时关虎的地方。晋太和年间，大司马桓温抵达大河之滨，命豫州刺史袁真打开石门，鲜卑族慕容氏坚守此台，袁真屯兵于坚城之下，没有达到目的，最后只好撤兵而回。蠡台之西，又有一台，俗称女郎台。台的西北面，在城内有凉马台，台的东面有曲池，池北有两个并列的钓台，池周围约六七百步。蠡台正东，又有一台，民间称为雀台。城内有一条东西向大道，北端有晋朝梁王妃王氏墓，墓前并列立着两块墓碑，碑上刻着：王妃名粲，字女仪，东莱曲城人。齐北海府君的孙女，即司空东武景侯的小女儿，咸熙元年嫁给司马氏，泰始二年立为妃，太康五年去世，在新蒙营建陵墓，太康九年立碑。陵墓东面就是梁王的吹台，台址和台阶柱础还在，现在建了追明寺。故宫东是安梁旧地，周围五六百步，池岸排列着几个钓台。池东又有一台，民间称清泠台。北城靠城角，又建有一处池台。晋灼说：有人说平台在城中东北角，也有人说兔园在平台旁边。如淳说：平台是梁王离宫所在的地方，现在城东二十里处有一座台，相当宽广，但不是很高，俗称平台。我考寻《汉书·梁孝王传》中的记载：梁王凭着功劳和皇亲关系受封大国，他修建的东苑方圆三百里，扩建睢阳城七十里，大兴土木，

建造宫室，修筑天桥，这些天桥从王宫一直连接到平台，有三十多里。这些天桥从王宫东出杨之门，左阳门就是睢阳东门。说天桥连接到平台大致差不多，说连接到城的东北角就不可能了，由此可知平台不在城中。梁王与邹阳、枚乘、司马相如等人常在平台上尽情游乐，因此正如齐随郡王《山居序》中所说的：西园士人鼎沸，平台盛筵宾客，邹、司马等名流都在，他们常唱《伐木》之歌，借以追思昔日的欢愉，神游千古，所以也是一时的盛事。

原典

暨汉武帝元光三年，河水南泆①，漂害民居。元封二年，上使汲仁、郭昌发卒数万人，塞瓠子②决河。于是上自万里沙还，临决河，沉白马玉璧，令群臣将军以下皆负薪填决河，上悼③功之不成，乃作歌曰：瓠子决兮将奈何？浩浩洋洋虑殚为河。殚为河兮地不宁，功无已时兮吾山④平。吾山平兮巨野溢，鱼沸郁兮柏冬日。正道⑤弛兮离常流，蛟龙骋兮放远游。归旧川⑥兮神哉沛，不封禅兮安知外。皇⑦谓河公兮何不仁，泛滥不止兮愁吾人。啮桑⑧浮兮淮、泗满，久不返兮水维缓。一曰：河汤汤⑨兮激潺湲，北渡回兮迅流难，搴长茭兮湛美玉，河公许兮薪不属，薪不属兮卫人⑩罪，烧萧条兮噫乎何以御水？隤⑪竹林兮楗石菑，宣防塞兮万福来。于是卒塞瓠子口，筑宫于其上，名曰宣房宫，故亦谓瓠子堰为宣房堰，而水亦以瓠子受名焉。平帝已后，未及修理，河水东浸，日月弥广。永平十二年，显宗诏乐浪⑫人王景治渠筑堤，起自荥阳，东至千乘⑬，一千余里。景乃防遏冲要，疏决⑭壅积，瓠子之水，绝而不通，惟沟渎存焉。

注释

①泆：通“溢”，漫溢。

②瓠子：古水名，自今河南省濮阳市南分黄河水东出，经山东境内，东注济水。

③悼：伤心、悲伤。

④吾山：古山名，又称鱼山，在今山东省东阿县南、黄河西。“吾”与“鱼”古音相同。

⑤正道：正常的河道。

⑥归旧川：回归到原来的河道。

⑦皇：这里指汉武帝。

⑧啮桑：古邑名，今江苏省沛州市西南。

⑨汤汤：水流大而急的样子。

⑩卫人：卫地人。颜师古曰：“东郡本卫地，故言此卫人之罪也。”

⑪隤：崩落、败坏。这里指砍伐。

⑫乐浪：郡名，汉武帝灭朝鲜所置，今朝鲜平壤市。

⑬千乘：古县名，西汉置，今山东省高青县。

⑭疏决：疏通。

译文

到了汉武帝元光三年，河水向南泛滥，淹没民房。元封二年，武帝派遣汲仁、郭昌征发役卒数万人，堵塞瓠子河的决口。于是武帝从万里沙回来，亲临决河的地点，把白马玉璧沉入水中，并令群臣将军以下都去背木柴堵塞决口。武帝悲叹堵塞决口没有成功，于是作歌道：瓠子决口了，怎么办啊？滚滚洪涛，只怕遍地全成江河！全成江河啊，大地不安宁，治河永无尽时，连吾山也掘平。吾山掘平啊，巨野洪流横溢，鱼群不安地翻腾啊，水天已相接！河道已废啊，河水乱流，无羁的蛟龙啊，恣意远游！神灵的大水啊，快回旧河来！不登山祭天，又哪知远近内外！河神啊，你怎么如此不仁？你无休无止地泛滥啊，真愁死人！啮桑被淹没了啊，淮、泗也已高涨，大水迟迟不退啊，人也久不回乡！另一首歌是：大河滚滚奔腾啊，激起一片涛声，急流难以北渡啊，只好回舟暂停。拉起长竹索啊，把美玉下沉，木柴接不上啊，尽管河神已答应！木柴接不上啊，是卫人的罪！草木都烧光啊，拿什么来抵挡洪水？拿枯树、石头来堵啊，再砍下竹林，堤防都填好了啊，幸福就来临！于是终于堵塞了瓠子口，就在口上建了一座宫，称为宣房宫，因此，也称瓠子堰为宣房堰，水也就以瓠子命名了。平帝以后，未及时修理河堰，河水向东漫卷，受淹的范围愈来愈大。永平十二年，显宗下诏命乐浪人王景筑堤治理河渠，从荥阳开始，向东直至千乘的一千多里的范围内。于是王景在那些水道要冲处建造了堤防堰坝，并疏通壅塞的河道，瓠子河的水从此就不通了，只留下沟渠。

原典

《从征记》[①]曰：汶水[②]出县西南流，又言自入莱芜谷[③]，夹路连山百数里，水隍[④]多行石涧中。出药草，饶松柏，林藿[⑤]绵蒙[⑥]，崖壁相望。或倾岑[⑦]阻[⑧]径，或回岩绝谷，清风鸣条[⑨]，山壑俱响。凌[⑩]高降深，兼惴栗[⑪]之惧，危蹊断径，过悬度[⑫]之艰。未出谷十余里，有别谷在孤山，谷有清泉，泉上数丈有石穴二口，容人行，入穴丈余，高九尺许，广四五丈，言是昔人居山之处，薪爨[⑬]烟墨犹存。谷中林木致密[⑭]，行人鲜[⑮]有能至矣。又有少许山田，引灌[⑯]之踪尚存。

注释

①《从征记》：东晋戴延之著，又称《西征记》，全称为《从刘武王西征记》。

② 汶水：古代济水的支流，今称大汶河，已成为黄河水系的一条河流。

③ 莱芜谷：在今山东省莱芜市西南。

④ 水隍：水沟渠，这里指水流。

⑤ 林藿：树木丛林。

译文

《从征记》说：汶水发源于莱芜县，西南流；又说，流入莱芜谷后，道路两边山峦连绵一百多里，水道大都经过乱石累累的山涧。这一带盛产药草，遍地松柏，丛林茂密，断崖峭壁，遥相对望。有的地方，险峻的山峰挡住去路；有的地方，环绕的岩石隔绝深谷，山风吹动，枝梢鸣声响彻幽谷。攀登高峻的山峰，走入幽深的山谷，都令人心惊胆战，有时路绝崖断，比绳索引渡更加艰险。离出谷还有十多里，在一座孤峰下另有一处山谷，山谷里有清泉，泉上数丈处有两个石洞，能容人行走，进入洞口一丈多，洞内高约九尺，宽有四五丈，据说是古人穴居的地方，洞里还有用柴火做饭留下的黑烟痕迹。山谷中树木茂密，人迹罕至，但还能见到少许山田，留有引水灌溉的痕迹。

⑥ 绵蒙：浓密茂盛的样子。

⑦ 倾岑：倾斜欲坠的高山。

⑧ 阻：阻拦。

⑨ 鸣条：风吹树枝发出声响。

⑩ 凌：攀登、翻越。

⑪ 惴栗：恐惧战栗。

⑫ 悬度：古代有些地方地形艰险，没有道路，只有使用绳索等凌空穿越，即为悬度之法。

⑬ 薪爨：用柴烧火做饭。

⑭ 致密：严密、茂密。

⑮ 鲜：少。

⑯ 引灌：引水灌溉。

汶水，今天的大汶河

睢 水

睢水今称睢河，但河道与《水经注》记载的已有很大变化。由于人工的改造，睢河下游现在有偏北的老睢河和偏南的新睢河两条水道，都在今江苏省的泗洪县附近注入洪泽湖。瓠子河是古代在濮阳（今河南省濮阳县南）从黄河分出的一条小河，循黄河往东南流，经今山东省梁山北折，注入济水。

西汉元光三年，黄河决于濮阳瓠子口，从决口处东南漫注入山东省巨野县附近，造成黄河一带的严重水患。西汉元封二年，汉武帝亲临瓠子河督工堵口，据《史记·河渠书》记载："令群臣从官自将军以下皆负薪填决河。"司马迁在当时也是参加负薪的从官之一，感受甚深，写下"甚哉！水之为利害也"的水利名言。这次堵口使黄河纳入故道，瓠子河就逐渐枯竭，到《水经注》时代已经成为一条小河，以后就不复存在了。

泗洪县濉河风光

卷二十五

泗水、沂水、洙水

原典

《从征记》[①]曰：洙、泗二水交于鲁城东北十七里，阙里[②]背洙面泗，南北百二十步，东西六十步，四门各有石阃，北门去洙水百步余。后汉初，阙里荆棘自辟[③]，从讲堂至九里。鲍永[④]为相，因修飨祠，以诛鲁贼彭丰[⑤]等。郭缘生言泗水在城南，非也。余按[⑥]《国语》，宣公夏滥于泗渊，里革[⑦]断罟弃之。韦昭云：泗在鲁城北。《史记》、《冢记》[⑧]、王隐《地道记》，咸言葬孔子于鲁城北泗水上。今泗水南有夫子冢。《春秋孔演图》[⑨]曰：鸟化为书，孔子奉以告天，赤爵衔书，上化为黄玉。刻曰：孔提命[⑩]，作应法，为赤制[⑪]。《说题辞》曰：孔子卒，

注释

①《从征记》：东晋戴延之著。

②阙里：今山东省曲阜市城中。

③自辟：自己除去。

④鲍永：东汉光武帝时人，字君长，上党屯留（今山西省屯留县）人。

⑤彭丰：东汉时人，董宪起兵时，任裨将。

⑥按：探寻、考究。

⑦里革：春秋鲁宣公的大夫。

⑧《冢记》：当作《冢墓记》，

以所受黄玉葬鲁城北，即子贡[12]庐墓处也。谯周云：孔子死后，鲁人就冢次而居者，百有余家，命曰孔里。《孔丛》曰：夫子墓茔方一里，在鲁城北六里泗水上，诸孔氏封[13]五十余所，人名昭穆，不可复识，有铭碑三所，兽碣具存。《皇览》[14]曰：弟子各以四方奇木来植，故多诸异树，不生棘木刺草。今则无复遗条矣。泗水自城北南迳鲁城，西南合沂水。

具体不详。

⑨《春秋孔演图》：谶纬之书，撰者不详。

⑩ 提命：犹如耳提面命。

⑪ 赤制：谶纬家指汉朝的国运期限。

⑫ 子贡：即端木赐，春秋卫国人，字子贡，孔子弟子，孔子以瑚琏称之。

⑬ 封：坟墓。

⑭《皇览》：书名，三国魏人王象、缪袭等撰，记载先代冢墓之处，以供皇王省览，故称《皇览》。

山东境内的泗水风光

译文

《从征记》说：洙水和泗水在鲁城东北十七里处相汇，阙里背靠洙水面临泗水，南北一百二十步，东西六十步，四面城门都有石门槛，北门离洙水一百多步。后汉初期，阙里的荆棘开始被清除，从孔夫子的讲堂到九里。当时鲍永任宰相，于是在阙里修建了飨祠，将鲁贼彭丰等人处死。郭缘生说泗水在城南是错误的。我查考过《国语》，夏天宣公在泗渊撒网捕鱼，里革割断渔网，把它扔掉了。韦昭说：泗水在鲁城北。《史记》、《冢记》、王隐的《地道记》都说孔子安葬在鲁城北面的泗水上。如今泗水南有孔子墓。《春秋孔演图》说，鸟变成了书，孔子捧着书向上天祷告，有一只红雀飞到书上，变成一块黄玉，上面刻着：孔子受天之命，立法规，定国运之期限。《说题辞》说：孔子死后，人们把他得到的那块黄玉一起陪葬在鲁城北，就是子贡墓屋所在的地方。谯周说：孔子死后，有一百多家鲁国人来到孔子墓边居住，以后这里就称为孔里。《孔丛》说：孔夫子的墓方圆一里，在鲁城北面六里的泗水畔。孔氏宗族的坟墓共五十多座，人名辈分已辨别不清，墓铭碑有三所，各种石兽石碑还在。《皇览》说：孔子的弟子们从各地带来珍奇的树苗，种在墓地上，因而墓地上有许多异树，不生荆棘和刺草。而到今天，那些树木已没有了。泗水从城北南流，经鲁城西南与沂水汇合。

原典

永平中，锺离意①为鲁相，到官，出私钱万三千文，付户曹②孔欣，治③夫子④车，身⑤入庙，拭⑥几席、剑履。男子张伯⑦除堂下草，土中得玉璧七枚，伯怀其一，以六枚白⑧意。意令主簿⑨安置几前。孔子寝堂⑩床首有悬瓮，意召孔欣问：何等瓮也？对曰：夫子瓮也，背有丹书⑪，人勿敢发也。意曰：夫子圣人，所以遗瓮，欲以悬示后贤耳。发之，中得素书⑫。文曰：后世修吾书，董仲舒⑬；护吾车、拭吾履、发吾笥⑭，会稽⑮锺离意；璧有七，张伯藏其一。意即召问伯，果服焉。

注释

①锺离意：东汉人，字子阿，会稽山阴（今浙江省绍兴市）人，为鲁相。

②户曹：掌管民户、祠祀、农桑的官署。

③治：修。

④夫子：孔子。

⑤身：亲自。

⑥拭：擦洗。

⑦张伯：东汉永平年间人。

⑧白：禀告。

⑨主簿：官名，主管文书、办理事务。

⑩寝堂：寝室。

⑪丹书：朱笔书写的文字。

⑫素书：写在帛绢上的文字。

⑬董仲舒：西汉哲学家，广川（今河北省景县）人。

⑭笥：盛饭或盛衣物的方形竹器。

⑮会稽：郡名，秦置，今江苏省苏州市。

译文

永平年间，锺离意任鲁相，上任时，拿出自己的钱一万三千文交付给户曹孔欣，要他整理孔子的车，他亲自入庙，擦拭孔夫子的旧物：几、席、佩剑和鞋子。男子张伯割除堂下杂草时，在土中发现七枚玉璧，张伯把一枚藏了，拿了六枚去禀告锺离意。锺离意令主簿把玉璧安放在几前。孔子卧室床头挂着一只瓮。锺离意叫来孔欣问：这是什么瓮？孔欣回答：这是夫子的瓮，背后有朱砂写的红字，人们都不敢打开。锺离意说：夫子是圣人，他之所以留下这个瓮，是想启示后世的贤人。开瓮后，里面有一块白绢，上面写着：后世编纂我的书的，是董钟舒；保护我的车、擦我的鞋、开我的箱的，是会稽锺离意；玉璧有七枚，张伯藏了一枚。锺离意立即叫来张伯询问，张伯果然招认了。

原典

孔庙[①]东南五百步，有双石阙，即灵光[②]之南阙，北百余步[③]即灵光殿基，东西二十四丈，南北十二丈，高丈余，东西廊庑[④]别舍[⑤]，中间方七百余步；阙之东北有浴池，方四十许步；池中有钓台，方十步，台之基岸，悉石也，遗基尚整[⑥]。故王延寿[⑦]赋曰：周行[⑧]数里，仰不见日者也。是汉景帝[⑨]程姬子鲁恭王之所造也。殿之东南，即泮宫[⑩]也，在高门直北道西，宫中有台，高八十尺，台南水东西百步，南北六十步，台西水南北四百步，东西六十步，台池咸结石为之，《诗》[⑪]所谓思乐泮水也。

注释

① 孔庙：今山东省曲阜市。

② 灵光：即灵光殿，在今山东省曲阜市东。

③ 步：古代长度单位，历来定制不一。周代以八尺为一步，秦代以六尺为一步。当时尺小，一尺约合今天的 23.1 厘米。

④ 廊庑：厅堂周围的屋子。

⑤ 别舍：其他房舍。

⑥ 整：完整。

⑦ 王延寿：东汉辞赋家，王逸之子，字文考，一作子山，南郡宜城（今湖北省宜昌市）人，有《鲁灵光殿赋》传世。

⑧ 周行：绕行。

⑨ 汉景帝：即西汉皇帝刘启。

⑩ 泮宫：古代的学校。

⑪《诗》：我国最早的一部诗歌总集，收录周代诗歌三百零五篇，分风、雅、颂三大类。本称“诗”“诗三百”，“经”是汉儒加上去的。

孔 庙

译文

孔子庙东南面五百步，有一对石阙，就是灵光殿的南阙，北面一百多步就是灵光殿旧址，东西二十四丈，南北十二丈，高一丈多；东西两边是廊屋，中间方七百多步；石阙北面有一个浴池，方约四十步；池中有个钓台，方十步，台的基岸都用石头砌成，遗基还较完整。所以王延寿作赋说：绕行数里，仰头不见天日。这是汉景帝妃子程姬的儿子鲁恭王修筑的。殿的东南面，就是泮宫，在高门正北的大路西边，宫中有台，高八十尺，台南水池东西一百步，南北六十步，台西水池南北四百步，东西六十步，台池都用石块结砌，这就是《诗经》所说的：在泮水之畔多么快乐！

孔孟之乡：山东

山东历史悠久、文化灿烂，素有“孔孟之乡，礼仪之邦”的美誉，是中华民族古老文明的发祥地之一。山东名人辈出，孔子被誉为万世师表，孟子、庄子、墨子、荀子、孙子、管子、左丘明、鲁班、扁鹊、诸葛亮、王羲之、颜真卿、张择端、贾思勰、刘勰、李清照、辛弃疾和蒲松龄等历史名人对中华文化乃至世界文明产生了重要影响。

山东旅游资源不胜枚举，世界自然和文化遗产泰山，以及世界文化遗产曲阜孔庙、孔府、孔林享誉海内外，蓬莱仙境、济南泉群、青岛海滨、台儿庄古城等美名远扬。

原典

延之[①]盖以《国语》[②]云，吴王夫差[③]起师，将北会黄池[④]，掘沟于商[⑤]、鲁[⑥]之间，北属[⑦]之沂，西属于济[⑧]，以是言之，故谓是水为吴王所掘。非也。余[⑨]以水路求之，止有泗川[⑩]耳。盖北达沂，西北迳于商、鲁，而接于济矣。吴所浚广[⑪]耳，非谓起自东北受沂西南注济也。

译文

戴延之大概是根据《国语》所说，吴王夫差起兵，将北上黄池，在商、鲁之间开掘渠道，北面与沂水连接，西面通到济

注释

① 延之：即戴延之，东晋小说家，名祚，江东（今安徽芜湖以下长江下游南岸地区）人，著有《西征记》，今佚。

②《国语》：记载周王朝及诸侯各国之事，亦称《春秋外传》。

③ 夫差：春秋吴王，困勾践于会稽，后被勾践灭国。

④ 黄池：今河南省封丘县西南，济水与黄沟交汇处。

⑤ 商：春秋诸侯国宋的别称。周灭商后，封商贵族微子的后代

水，凭这点记载，所以说这条水是吴王开掘的。其实并非如此。我根据水路探察，此处只有泗水。北通沂水，西北流经商、鲁，而与济水相接的就是泗水。吴王只是疏浚过，并拓宽了水道，不是说从东北起开掘引入沂水并西南流注于济水。

于宋，故宋又称为商。

⑥ 鲁：古地区名，春秋时鲁国故地（今山东省泰山以南的汶、泗、沂、沭河流域），秦汉以后仍沿称这些地区为“鲁”。

⑦ 属：连接。

⑧ 济：古水名，在今山东省。

⑨ 余：郦道元自称。

⑩ 泗川：即泗水，源出今山东省泗水县蒙山南麓，四源并发，故名，今山东省中部。

⑪ 浚广：疏通并拓宽。

泗　水

泗水原来是淮河下游的最长支流，今称泗河，发源于山东省新泰市蒙山大平顶西麓，沿途接纳洙水、潍水、沂水、沭水等，直到今淮安市注入淮水，全长500多千米。金章宗明昌五年，黄河在阳武决口，夺泗注淮入海，泗水的流路受阻，逐渐形成了所谓南四湖，即在今山东省南境与江苏省的南阳、独山、昭阳、微山四湖。湖面狭长，南北长120多千米，东西宽5～20千米，今泗河在济宁市附近注入南四湖。沂水是泗水支流，原来汇泗水入淮。由于泗水湮废，今水道已完全改变。今沂河从山东省进入江苏省后注入骆马湖，下游已疏凿了一条新沂河，循新沂河从燕尾港注入黄海。此水从山东省沂蒙山发源到注入骆马湖，长近300千米。洙水在古代曾是泗水的支流，后因水道变迁，今一般地图已不绘此水。

江苏淮安境内的泗河风景

卷二十六

沭水、巨洋水、淄水、汶水、潍水、胶水

原典

《列女传》[①]曰：齐[②]人杞梁殖，袭莒[③]战死，其妻将赴[④]之，道逢齐庄公，公将吊[⑤]之。杞梁妻曰：如殖死有罪，君何辱命[⑥]焉？如殖无罪，有先人之敝庐在，下妾不敢与郊吊。公旋车[⑦]吊诸室，妻乃哭于城下，七日而城崩。故《琴操》[⑧]云：殖死，妻援琴作歌曰：乐莫乐兮新相知，悲莫悲兮生别离。哀感皇天，城为之堕[⑨]。即是城也。

译文

《列女传》说：齐国人杞梁殖在袭击莒城时战死，他的妻子前去迎丧，路上碰到齐庄公，庄公正要去为杞梁殖吊丧，杞梁殖妻说：如果殖死得有罪，怎敢劳驾您来吊唁呢？如果他死得无罪，还有祖先留给他的旧宅在，我不敢在郊外为他吊丧。齐庄公立即回车，在他家里举行了丧礼，杞梁殖妻在莒城下哀哭，哭了七日，把城都哭崩了。所以《琴操》说：杞梁殖死后，他的妻子持琴歌唱道：人间的欢乐呀，哪有胜过相逢新知己；人间的悲痛呀，哪有甚于死别生离！她深沉的悲哀感动了上天，城也因此而崩塌了。说的就是此城。

注释

①《列女传》：西汉刘向撰。

②齐：周朝国名，今山东省北部和河北省东南部。

③莒：古国名，西周分封的诸侯国。辖境有今山东省安丘、诸城、沂水、莒、日照等市县。

④赴：奔丧。

⑤吊：祭奠死者。

⑥辱命：玷污使命，这里是指“玷污吊唁的名声”。

⑦旋车：掉转车头。

⑧《琴操》：琴曲著录，记述四十七个古琴曲的故事，相传为汉蔡邕所作。

⑨堕：崩塌。

原典

巨洋水自朱虚[①]北入临朐县，熏冶泉水[②]注之。水出西溪[③]，飞泉侧濑[④]于穷坎[⑤]之下，泉溪之上，源麓之侧有一祠，目[⑥]之为冶泉祠。按[⑦]《广雅》[⑧]，

金神谓之清明[⑨]。斯地盖古冶官[⑩]所在，故水取称[⑪]焉。水色澄明[⑫]而清冷特异，渊无潜石，浅镂沙文。中有古坛，参差相对，后人微加功饰，以为嬉游之处。南北邃岸凌空，疏木交合。先公以太和中，作镇海岱。余[⑬]总角之年，侍节[⑭]东州。至若炎夏火流[⑮]，闲居倦想，提琴命[⑯]友，嬉娱永日。桂笱[⑰]寻波，轻林委浪。琴歌既洽，欢情亦畅。是焉栖寄，寔可凭衿。小东有一湖，佳饶鲜笋，匪直芳齐芍药，寔亦洁并飞鳞。其水东北流入巨洋，谓之熏冶泉。

译文

巨洋水从朱虚向北流入临朐县，熏冶泉水在此注入。此水源出西溪，飞奔的泉水在深坑下面流泻，在溪岸上，源头的山麓近旁有一座祠庙，名为冶泉祠。据《广雅》记载，金神名叫清明。此处是古时冶官的驻地，水就因此取名。熏冶泉水色澄清透明，而且特别清凉，深渊底下少有岩石，因为水的折射使得渊深的水底看起来很浅，这浅浅的沙底保留着水流冲荡而像雕镂成的纹路。中间有古台，与祠参差相对，后人稍加修饰，把它作为嬉游的处所。南北两侧高峻的陡岸凌空而起，疏疏落落的树枝接连交错。太和年间，先父镇守青州，当时我还年幼，跟着父亲到东方来。每当炎夏七月，困倦无聊时，就携了琴，邀了好友，整天地尽情嬉游。我们撑起竹篙，荡着一叶扁舟，逐浪漂流，在岸边林木的绿荫下，穿过低垂拂水的柔枝。我们弹琴唱歌，互相应和，彼此都十分愉快。寄身在这清幽可爱的林泉间，向大自然寄托自己的情怀。稍东有一口湖，湖上出产鲜美的竹笋，不但气味芳香可与芍药相比，而且也像鱼儿一般洁白清净。溪水往东北流入巨洋，称为熏冶泉。

注释

① 朱虚：古县名，西汉置，今山东省临朐县东南。

② 熏冶泉水：在今山东省临朐县西南海浮山下。

③ 西溪：在今山东省临朐县北。

④ 濑：急流。

⑤ 穷坎：深壑。

⑥ 目：命名、叫作。

⑦ 按：考求。

⑧《广雅》：三国魏张揖为增补《尔雅》所作的辞书，保留了很多先秦两汉的古语词和古义。

⑨ 金神谓之清明：《广雅·释天》中的文字。

⑩ 冶官：管理开采、冶炼金属的官署。

⑪ 取称：获取名称。

⑫ 澄明：清澈明净。

⑬ 余：郦道元自称。

⑭ 侍节：侍奉、尽孝道。

⑮ 火流：出自《诗经·豳风·七月》："七月流火，九月授衣。"后来用"流火""火流"代"七月"。

⑯ 命：召唤。

⑰ 桂笱：竹名，这里指代用这种竹子做的用于撑船的竹篙。

原典

阳水[①]又东北流，石井水注之。水出南山，山顶洞开，望若门焉，俗谓是山为甓头山[②]。其水北流注井，井际[③]广城东侧，三面积石，高深一匹有余。长津激浪，瀑布而下，澎濞[④]之音，惊川聒[⑤]谷，漰渀[⑥]之势，状同洪河[⑦]，北流入阳水。余生长东齐，极游[⑧]其下，于中阔绝[⑨]，乃积绵载[⑩]，后因王事[⑪]，复出海岱，郭金[⑫]、紫惠[⑬]同石井，赋诗言意，弥日嬉娱，尤慰羁心[⑭]，但恨此水时有通塞耳。

注释

① 阳水：在今山东省青州市。
② 甓头山：在今山东省青州市。
③ 际：靠近、接近。
④ 澎濞：瀑布形成的轰鸣声。
⑤ 聒：惊吵。
⑥ 漰渀：水流奔腾激荡的样子。
⑦ 洪河：大河，古代多指黄河。
⑧ 极游：形容游玩的次数很多。
⑨ 阔绝：分别、离别。
⑩ 绵载：多年。绵：久长。
⑪ 王事：王命差遣的公事。
⑫ 郭金：人名，不详。
⑬ 紫惠：人名，不详。
⑭ 羁心：客游之心。

译文

阳水从东北流，石井水注入。这支水发源于南山，山顶敞开，望去像门似的，俗称此山为甓头山。此水北流注入一口大井，紧靠广城东侧，三面石块堆垒，深达四丈有余。水流汹涌，成为瀑布一泻而下，轰隆的声音震撼山谷，惊天动地的水势如同大河一样，北流注入阳水。我生长在东齐，曾多次游玩于瀑布下面，中间阔别多年，后来又因公事重到海岱，与郭金、紫惠一起游石井，赋诗抒怀，终日嬉游，作客他乡，能终日畅游真是莫大的慰藉了，只是此水时通时断，令人遗憾而已。

原典

山上有长城[①]，西接岱山[②]，东连琅邪[③]巨海，千有余里，盖田氏之所造也。《竹书纪年》[④]梁惠成王二十年，齐筑防以为长城。《竹书》又云：晋烈公十二年，王命韩景子、赵烈子、翟员[⑤]伐齐，入长城。《史记》所谓齐威王越赵侵我，伐长城者也。

注释

① 长城：从泰山到琅邪的战国长城。

② 岱山：泰山。

③ 琅邪：今山东省胶南市西南。

④《竹书纪年》：晋武帝时出土的写在竹简上的战国古书，是完成于战国末年的魏国史书。

⑤ 韩景子、赵烈子、翟员：人名，不详。

译文

泰山上有长城，西面连接泰山，东面延伸到琅邪大海，全长一千多里，是田氏所筑。《竹书纪年》载，梁惠成王二十年，齐国修筑防御工事，造了长城。《竹书》又说：晋烈公十二年，派遣韩景子、赵烈子、翟员讨伐齐国，侵入长城。《史记》所说的齐威王经过赵国侵犯我国，攻打长城，就指此事。

泰山上的齐长城

原典

琅邪，山名也。越王勾践之故国也。勾践并吴，欲霸中国①，徙都琅邪。秦始皇二十六年，灭齐以为郡，城即秦皇之所筑也。遂登琅邪大乐之山，作层台于其上，谓之琅邪台②。台在城东南十里，孤立特显。出于众山，上下周二十里余，傍滨③巨海。秦王乐之，因留三月，乃徙黔首④三万户于琅邪山下，复⑤十二年。所作台基三层，层高三丈，上级平敞，方二百余步，广五里。刊石立碑，纪秦功德。台上有神渊，渊至灵焉，人污之则竭，斋洁⑥则通。神庙在齐八祠中，汉武帝亦尝登之。汉高帝吕后⑦七年，以为王国，文帝三年，更名为郡，王莽改曰填夷矣。

注释

① 中国：泛指中原地区。

② 琅邪台：在今山东省胶南市西南琅琊山上。

③ 傍滨：依傍、滨临。

④ 黔首：老百姓。

⑤ 复：免除赋税。

⑥ 斋洁：洁净地斋戒。

⑦ 吕后：即吕雉，刘邦的皇后。汉惠帝薨，吕后临朝称制凡八年。

译文

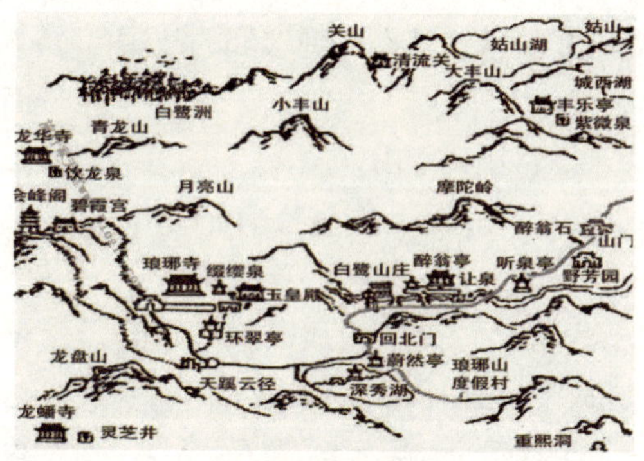

今天的琅琊山景区图

琅邪是山名，原属越王勾践的国土。勾践吞并吴国后，妄想称霸中国，就迁都到琅邪。秦始皇二十六年，灭齐国，就把琅邪设立为郡，郡城是秦始皇所筑。秦始皇登上琅邪大乐山，在山上修筑了层台，称为琅邪台。台在城东南十里，孤傲地矗立着，在众山之中显得格外突出。这些山周围二十里有余，位于大海之滨。秦始皇很高兴，因此在这里逗留了三个月，他把三万户平民迁移到琅邪山下，豁免十二年赋税。他修筑的高台，台基有三层，每层高三丈，上层平坦宽敞，二百多步见方，宽五里。又刻石立碑，记载秦始皇的功德。台上有个神渊，非常灵验，如有人将水弄脏，它就会枯竭；如心怀诚敬，使它保持洁净，水就畅通。这里的神庙是齐地八祠之一，汉武帝也曾登临此台。汉高帝吕后七年，把这里立为王国，文帝三年，改名为郡，王莽时又改称填夷。

山东半岛的河流

沭水、巨洋水、淄水、汶水、潍水和胶水共有六条河流，都是发源于山东半岛的河流，除了沭水流入江苏省以外，其余各水都不出山东半岛，或汇入干流或单独入海。沭水今称沭河，发源于山东省沂蒙山脉，南流入江苏省，与沂河平行。进入江苏省后，水道纷乱，水灾频仍。1949 年进行整治改造，用人工开凿新河道，经连云港北的临洪口入海，称为新沭河。巨洋水今称弥河，发源于沂山南麓，在昌乐县附近注入莱州湾，全长近 200 千米。淄水今称淄河，是小清河的支流，发源于莱芜市鲁山东南麓，东流经临淄县，经广饶县注入小清河，全长约 140 千米。汶水今称汶河，是《水经注》立篇的两条汶水之一。此河是潍河的支流，发源于临沂市沂山，东流至寿光、昌邑一带注入潍河，全长 100 多千米。潍水今称潍河，发源于山东半岛南部五莲县五莲山，北流注入莱州湾，全长 240 多千米。胶水今称胶河，发源于山东半岛青岛市铁镢山，北流注入渤海湾，全长约 170 千米。它的下游河道，在元朝已经过人工开凿，即今胶莱河。当时曾想在此开凿一条运河，称为胶莱运河，使南粮从海道北运途中可以避开半岛东端的成山角之险，但结果没有凿成，所以称为胶莱河。

琅琊山

卷二十七

沔　水

原典

诸葛亮之死也，遗令葬于其山①，因即②地势，不起坟垄③，惟深松茂柏，攒④蔚川阜，莫知墓茔所在。山东名高平，是亮宿营处，有亮庙。亮薨，百姓野祭⑤。步兵校尉⑥习隆、中书郎向充共表云：臣闻周人思召伯⑦之德，甘棠为之不伐⑧；越王怀范蠡⑨之功，铸金以存其像。亮德⑩轨遐迩，勋盖来世，王室之不坏，寔赖斯人，而使百姓巷祭⑪，戎夷⑫野祀，非所以存德念功，追述⑬在昔者也。今若尽顺民心，则黩而无典；建之京师，又逼⑭宗庙，此圣怀⑮所以惟疑也。臣谓宜近其墓，立之沔阳⑯，断其私祀，以崇正礼。始听立祀斯庙，盖所启置也。

注释

① 其山：即定军山，在今陕西省勉县城南。

② 因即：依照、依随。

③ 坟垄：坟墓。

④ 攒：聚集、丛生。

⑤ 野祭：在野外祭祀。

⑥ 步兵校尉：官名，掌管宿卫兵。

⑦ 召伯：召公姬奭为诸侯之长，称伯。

⑧ 甘棠为之不伐：召公巡行乡邑，有棠树，决狱听政其下。自侯伯庶人各得其所，无失职者。召公卒，而民思召公之政，怀甘棠不敢伐，歌咏之，作《甘棠》之诗，即《诗经·召南·甘棠》。

⑨ 范蠡：春秋时期楚三户（今河南省淅川县）人，字少伯，辅佐越王勾践灭吴，报会稽之耻。

⑩ 德：高尚的德行。

⑪ 巷祭：在道路上祭祀。

⑫ 戎夷：戎和夷，古民族名，泛指少数民族。

⑬ 追述：追思、追念。

⑭ 逼：逼迫。

⑮ 圣怀：皇上。

⑯ 沔阳：古县名，西汉置，今陕西省勉县东，以在沔水之阳得名。

诸葛亮

译文

诸葛亮死后，按遗嘱把他葬在定军山上，安葬时依山形地势，而不高筑坟垄，现在那里唯有一片蓊翳的松柏，茂盛地丛生在水边和山冈上，而他的坟墓却不知究竟在何处。山的东面叫高平，是当年诸葛亮的宿营地，建有诸葛亮庙。诸葛亮死后，百姓在野外祭祀。步兵校尉习隆、中书郎向充共同上表说：我们听说周朝人思念召伯的恩德，就不再去砍伐那棵他曾在下面休息过的甘棠树；越王为怀念范蠡的功绩，铸了一尊金像作为纪念。诸葛亮的德操垂范天下，功勋空前绝后，今天王室之所以能巩固不衰，靠的全是他，而今让百姓在街巷里祭奠，戎夷在野外祭祀，这不是纪念他的恩德和功勋的办法。今天若要完全顺从民心，那么就会流于轻率而无章法；如将祠庙建于京城，又势必侵逼宗庙，这正是圣上心里犹疑不定的原因。我们以为最好是在墓地近旁，就在沔阳立祠，这样就可以断绝民间的私祭，尊重正规的礼仪。这座祠庙就是在习隆、向充启奏后修建的。

原典

汉水又东合褒水。水西北出衙岭山，东南迳大石门[①]，历故栈道[②]下谷，俗谓千梁无柱[③]也。诸葛亮《与兄瑾书》云：前赵子龙[④]退军，烧坏赤崖[⑤]以北阁道，缘谷百余里，其阁梁一头入山腹，其一头立柱于水中。今水大而急，不得安柱，此其穷极[⑥]，不可强也。又云：顷[⑦]大水暴出，赤崖以南桥阁悉坏，时赵子龙与邓伯苗[⑧]，一戍赤崖屯田，一戍赤崖口，但得[⑨]缘崖与伯苗相闻而已。后诸葛亮死于五丈原[⑩]，魏延[⑪]先退而焚之，谓是道也。自后按旧修路者，悉无复水中柱，迳涉者浮梁振动，无不摇心[⑫]眩目也。

注释

① 大石门：杨守敬按：《方舆纪要》“大石门”即“斜谷口”。斜谷口：今陕西省眉县西南。

② 栈道：在悬崖绝壁上凿孔支架木桩，铺上木板而成的窄路。此处栈道为褒斜道。

③ 千梁无柱：只有木梁而没有柱子。因为悬崖峭壁与山坡或山下溪涧河流的距离甚远，所以无法立柱。

④ 赵子龙：即赵云，常山真定（今河北省石家庄市）人，三国蜀汉大将。

⑤ 赤崖：古地名，今陕西省留坝县东北，褒斜阁道所经。

⑥ 穷极：艰难到了极点。

⑦ 顷：不久。

⑧ 邓伯苗：即邓芝，义阳新野（今河南省新野县）人，三国蜀汉大将军。

⑨ 但得：只能够。

⑩ 五丈原：今陕西省岐山县城南。诸葛亮病卒于此。

⑪ 魏延：字文长，义阳（今河南省信阳市）人，三国蜀汉大将。

⑫ 摇心：心惊胆战。

译文

汉水又向东流，汇合了褒水。褒水发源于西北面的衙岭山，东南流经大石门，流过旧时的栈道下谷，俗称千梁无柱。诸葛亮《与兄瑾书》说：先前赵子龙退兵时，烧坏了赤崖以北沿着山谷周围的阁道长达一百多里，阁梁一头通入山腰，另一头在水中立柱。现在水大而急，已无法立柱，困难到了极点，不能勉强了。又说：近时山洪暴发，赤崖以南的桥梁阁道全都冲毁了，当时赵子龙与邓伯苗，一个在赤崖驻防屯田，一个驻防于赤崖口，双方只能沿着崖边互相呼应而已。后来诸葛亮死于五丈原，魏延首先撤退，焚烧了栈道，就是这条栈道。自此以后，那些按照旧道修路的人，都不再在水中立柱了。过往行人在摇摇晃晃的浮桥上经过，无不提心吊胆、头晕目眩。

原典

《汉中记》[①]曰：自西城[②]涉黄金峭、寒泉岭、阳都坂，峻崿[③]百重，绝壁万寻[④]，既造[⑤]其峰，谓已逾[⑥]崧、岱，复瞻前岭，又倍过之。言陟羊肠，超烟云之际，顾[⑦]看向涂[⑧]，杳然有不测之险。山丰[⑨]野牛、野羊，腾岩越岭，驰走若飞，触突[⑩]树木，十围[⑪]皆倒。山殚艮阻，地穷[⑫]坎势矣。

注释

①《汉中记》：书名，不详。

②西城：古县名，秦惠文王置，今陕西省安康市。

③峻崿：峻峭的山崖。

④万寻：万丈。

⑤造：到达。

⑥踰：同“逾”，超过。

⑦顾：回头。

⑧向涂：刚才的路。

⑨丰：富饶。

⑩触突：抵触碰撞。

⑪围：计量周长的约略单位，说法不一，现多指两手或两臂之间合拢的长度。

⑫穷：尽、竭尽。

译文

《汉中记》说：从西城翻越黄金峭、寒泉岭、阳都坂，高山峻岭，层层叠叠，绝壁万丈，攀上一座山峰，以为已经翻过嵩山、泰山那样的高峰了，可是抬头再看前面的山岭，却比过来的山还要加倍险峻。攀登在山间的羊肠小道之间，置身于缥缈的云雾之上，回头瞻望走过来的路，迷蒙深杳，到处隐伏着不可预测的凶险。山上有很多野牛、野羊，翻崖越岭，奔跑如飞，那些巨兽一撞到树木，合抱粗的大树也会被撞倒。山势的险峻、地形的起伏，真是到了极点。

沔　水

沔水是《水经注》全书中占三卷篇幅的大河之一，即今汉江，是长江的支流之一。因为《禹贡》说“浮于潜，逾于沔”，所以汉江很早就被称为沔水。但古代也有称汉水的，《汉书·地理志》说：“汉水受氐道水，一名沔。”所以“沔”“汉”是同水异名。不过《水经》只称沔水，不称汉水。《水经注》则“沔”“汉”并见。汉江是长江的最大支流，全长 1500 千米，流域面积达 16 万平方千米。历史上著名的“沔水之战”就发生在这里。

建安二十四年（公元 219 年），关羽攻打襄樊，与曹仁、于禁对峙。同年八月，汉水暴涨，于禁却没有任何应对措施，结果连同交锋时射中关羽额头的勇将庞德，

关　羽

徐 晃

一起被洪水围困。同年十月，曹操又派将军徐晃、吕建等增援。徐晃先出兵驱赶关羽军先锋于偃城。徐晃假装筑长堑，以示将切断蜀军后路。关羽军惧被围，烧营撤走，徐晃军顺利进入偃城。

徐晃占据偃城后，连接军营逐渐向前推进。徐晃在距关羽的包围圈三丈之外的地方，扎下营盘，挖地道和射箭书通知曹仁，多次沟通消息。

关羽军主力屯于围头，其他的兵力屯于四冢。徐晃声东击西，扬言欲攻围头，却出其不意突袭四冢，关羽被徐晃击败遂撤围退走，樊城围解。

沔水之战的胜利，对于巩固曹操的南部疆土、稳定后方都起了重大作用，不仅挫败了关羽的强大攻势，更重要的是破坏了孙、刘联盟，改变了当时的战略格局，使曹操掌握了战略主动权。

卷二十八

沔 水

原典

沔水[①]又东迳万山北，山上有《邹恢[②]碑》，鲁宗之[③]所立也。山下潭中有《杜元凯碑》，元凯好尚[④]后名，作两碑并述己功，一碑沉之岘山[⑤]水中，一碑下之于此潭，曰：百年之后，何知不深谷为陵[⑥]也？

译文

沔水从东流经万山北，山上有鲁宗之所立的邹恢碑。山下水潭中有杜元凯碑，杜元凯喜欢身后留名，刻了两块石碑，记述自己的功绩，一块石碑沉在岘山水中，另一块沉在这个水潭中，他说：过一百年后，怎么知道低谷就不能变为山陵呢？

注释

①沔水：水名，汉水的上游，在陕西省，古代也指整个汉水。

②邹恢：沈钦韩认为，邹恢疑是郗恢之误。

③鲁宗之：南朝宋鲁爽之祖，字彦仁，历官至南郡太守，封南阳郡公。

④好尚：喜好。

⑤岘山：在今湖北省襄阳市。

⑥深谷为陵：深谷变成山陵。语出《诗经·小雅·十月之交》：“高岸为谷，深谷为陵。”

原典

水又东入侍中[①]襄阳侯习郁鱼池。郁依范蠡[②]《养鱼法》作大陂，陂长六十步，广四十步，池中起钓台，池北亭，郁墓所在也。列植[③]松篁于池侧沔水上，郁所居也。又作石洑[④]，逗引[⑤]大池水于宅北作小鱼池，池长七十步，广二十步，西枕[⑥]大道，东北二边限[⑦]以高堤，楸竹夹植，莲芡[⑧]覆水，是游宴之名处也。

注释

①侍中：官名，秦置，两汉沿袭，为正规官职外的加官之一，因侍从皇帝左右，出入宫廷而显贵。

②范蠡：春秋时期楚三户（今河南省淅川县）人，字少伯，晚年自号陶朱公。

③列植：成行栽种。

④洑：水在地面下流。

⑤逗引：疏导、引导。

⑥枕：临近、靠近。

⑦限：阻隔、阻拦。

⑧芡：多年生草本植物，生在水池中。像荷叶，浮在水面，略像鸡头，故亦叫鸡头。

译文

陂水东流注入侍中襄阳侯习郁的鱼池。习郁根据范蠡的《养鱼法》，造了个大池塘，塘长六十步，宽四十步，池中筑了钓台，池北的亭子，就是习郁墓所在的地方。在池旁的沔水岸边种了一片松林和竹林，这就是习郁的住处。他又用石块砌了一条弯曲的暗沟，把大池中的水引到住宅北面，造了个小鱼池。小鱼池长七十步，宽二十步，西边紧靠大路，东北两边筑了高堤，堤岸两边种满楸树林和翠竹，池中莲芡盖满水面，真是游乐宴饮的好去处。

原典

谓之疏口[①]也。水中有物如三四岁小儿，鳞甲如鲮鲤[②]，射之不可入。七八月中，好在碛[③]上自曝，郄头似虎，掌爪常没水中，出膝头[④]，小儿不知，欲取弄戏，便杀人。或曰，人有生得者，摘其皋厌[⑤]，可小小使。名为水虎者也。

注释

①疏口：今湖北省襄樊市小河镇附近。

②鲮鲤：即穿山甲，哺乳动物，体和尾有覆瓦状的角质鳞。

③碛：沙石积成的浅滩。

④膝头：膝盖头。

⑤皋厌：鼻子。一说水虎的生殖器官。

译文

汇流处称为疏口。水中有一种动物，像三四岁的小孩，身上有类似穿山甲的鳞，箭也射不进去。七八月间，它喜欢在沙石滩上晒太阳，膝头像虎，脚掌和爪子常没在水中，只露出膝头，小孩子不知道，想去拿来玩，它便会把人弄死。有人说，如果能捉住一只活的，把它的鼻子割下，就可以驯服它。这种动物叫水虎。

鲮鲤（穿山甲）

原典

沔水又东得[①]滻口，其水承大滻、马骨诸湖水，周三四百里，及其夏水来同[②]，渺若沧海，洪潭巨浪，萦连[③]江沔，故郭景纯[④]《江赋》云：其旁则有朱[⑤]、滻、丹、漅是也。

译文

沔水又东流到滻口，这条水承接大滻、马骨等湖水，周围三四百里，到了夏水汇流进来，就变得像大海一样辽阔无际了，水深浪阔，与江沔萦纡曲折地连在一起，所以郭景纯《江赋》说：旁近则有朱、滻、丹、漅诸水。

注释

① 得：到。

② 同：汇合、交汇。

③ 萦连：回绕连接。

④ 郭景纯：郭璞，字景纯，东晋河东闻喜（今山西省闻喜县）人，曾经注释的《尔雅》《方言》《山海经》《穆天子传》等皆流传至今。

⑤ 朱：即朱湖，在今江苏省溧阳市东南。

卷二十九

沔水、潜水、湍水、均水、粉水、白水、比水

原典

《尚书·禹贡》①，汇泽②也。郑玄③曰：汇，回也。汉④与江斗，转东成其泽矣。

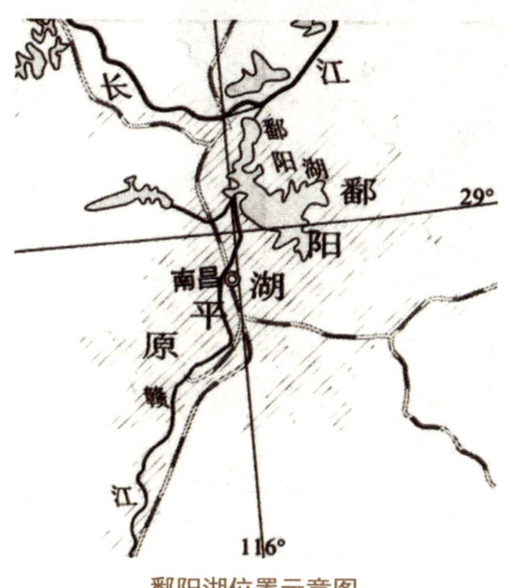

鄱阳湖位置示意图

注释

①《尚书·禹贡》：《尚书》中的一篇，是我国最早的一部区域地理著作，历来被奉为我国“古今地理志之祖”。

② 汇泽：即古代的彭蠡泽，今称鄱阳湖，在今江西省北部，是中国最大的淡水湖。

③ 郑玄：东汉著名的经学家，字康成，北海高密（今山东省高密市）人，自成学派，被后世称为“郑学”，今存《毛诗传笺》《周礼》注、《仪礼》注、《礼记》注。

④ 汉：汉水，即今之汉江，发源于陕西，经湖北流入长江，是长江最大的支流。

译文

彭蠡泽，按《尚书·禹贡》，就是汇泽。郑玄说：汇就是回的意思，汉水与江水相遇转而东流，形成了汇泽。

鄱阳湖

鄱阳湖，是中国第一大淡水湖，也是中国第二大湖，位于江西省北部。鄱阳湖上承赣、抚、信、饶、修五河之水，下接长江。丰水季节浪涌波腾，浩瀚万顷，水天相连。但是，它也存在一片类似于“百慕大”的神秘水域。

鄱阳湖老爷庙附近的水域是一片离奇神秘的水域，位于江西省九江市都昌县多宝乡，是鄱阳湖连接长江出口的狭长水域，有“拒五水一湖于咽喉”之说，南起松门山，北至星子县城，全长 24 千米。在半个多世纪里，百余艘船只在这里离奇失踪。这片魔鬼水域被人们称为“中国的百慕大”，又被称为“鄱阳湖魔鬼三角”。

鄱阳湖美景

原典

水西有《汉太尉长史[①]邑人张敏碑》，碑之西有魏征南军司[②]张詹墓，墓有碑，碑背刊云：白楸之棺，易朽之裳，铜铁不入，丹器[③]不藏，嗟[④]矣后人，幸勿我伤。自后古坟旧冢，莫不夷毁，而是墓至元嘉初尚不见[⑤]发。六年大水，蛮[⑥]饥，始被发掘。说者言：初开，金银铜锡之器，朱漆雕刻之饰烂然，有二朱漆棺，棺前垂竹帘，隐[⑦]以金钉。墓不甚高，而内极宽大。虚设白楸之言，空负黄金之实，虽意锢[⑧]南山，宁同寿乎？

注释

① 太尉长史：官名，东汉时太尉、司徒、司空将军府各有长史。

② 征南军司：杨守敬按，《魏志·杨俊传》徙为征南军师，是魏特置之官。此征南军司，本即军师。杜佑云，晋避讳，改“军师”为“军司”也。

③ 丹器：当为“瓦器”之讹，即陶器。

④ 嗟：叹词。

⑤ 见：被。

⑥ 蛮：我国古代对长江中游及其以南地区少数民族的泛称。

⑦ 隐：隐藏，这里指钉着。

⑧ 锢：通“固”，坚固。

译文

水的西面有汉朝太尉长史本县人张敏碑，碑的西面有魏朝征南军司张詹墓，墓前有碑，墓碑背面刻着：没漆过的楸木棺材，容易腐朽的衣裳，铜器、铁器都不放入，陶器也不入藏，哎哟，后世的人啊！请别把我毁伤！自那以后，古坟旧墓没有免遭平毁之难的，而这座墓到元嘉初年还没被盗掘过。元嘉六年发大水，蛮夷闹饥荒，才被发掘出来。有人说：坟墓刚打开时，金银铜锡之类器物及朱漆雕刻等饰品光彩灿烂夺目，有两口朱漆棺材，棺前挂着竹帘，上面钉着金钉。坟墓不很高，但墓内极宽敞。墓碑上假意写了白楸棺材之类的虚言虚语，来掩饰以金银财宝厚葬的事实，虽然用意是希望像密封南山似的牢固，难道就能和它一样长久了吗？

原典

湍水[①]又迳穰县为六门陂。汉孝元之世，南阳太守[②]邵信臣以建昭五年断湍水，立穰西石堨。至元始五年，更开三门为六石门，故号六门堨也。溉穰、新野[③]、昆阳三县五千余顷，汉末毁废，遂不修理。晋太康三年，镇南将军[④]杜预复更开广，利加于民，今废不修矣。

译文

湍水又流经穰县，形成六门陂。汉朝孝元帝时，南阳太守邵信臣在建昭五年堵断了湍水，修筑了穰西石堰。到了元始五年，又开了三道水门，成为六门，所以叫六门竭。这项水利工程可灌溉穰、新野、昆阳三县五千多顷农田。汉朝末年石塘毁废，就没有再修复了。晋太康三年，镇南将军杜预又增修扩建，老百姓深得其益，现在又毁废不修了。

注释

① 湍水：今称湍河，是白河支流，发源于南阳盆地以北的伏牛山，在邓州以东注入白河，全长二百多千米。

② 南阳太守：南阳郡的最高行政长官。

③ 新野：古县名，西汉置，今河南省新野县。

④ 镇南将军：官名。

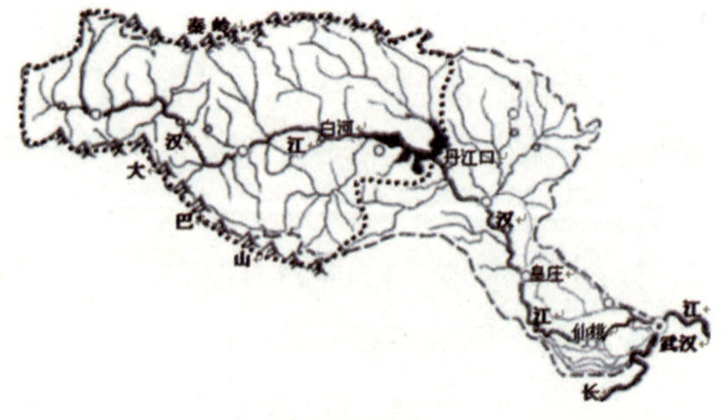

白河位置图

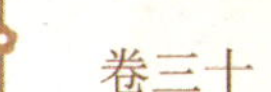

卷三十

淮　水

原典

颍阴①刘陶为县长，政化②大行，道不拾遗③。以病去官④，童谣歌曰：悒然⑤不乐，思我刘君，何时复来，安⑥此下民。见⑦思如此。

译文

颍阴刘陶当县令时，大力推行政治教化，因而道不拾遗。后来刘陶因病辞官，童谣唱道：心里郁郁不乐，怀念我们的刘君，他什么时候再来啊，使我们百姓安宁！他是如此受到人民的怀念。

注释

① 颍阴：古县名，秦置，今河南省许昌市。

② 政化：政治教化。

③ 道不拾遗：路上有丢失的东西，无人捡拾，多形容民风淳厚。

④ 去官：弃官、辞官。

⑤ 悒然：忧愁不安的样子。

⑥ 安：安抚，使……安居。

⑦ 见：被。

南京秦淮河画卷

淮水位置图

淮河流域

淮河流域是中华文明发祥地之一。根据考古发现，早在旧石器时代，淮河流域就有人类活动。目前已经发现的远古时代的文化遗址就达一百多处。我国的孔孟儒家学说，墨家学派，韩非、李斯的法家学派，都是在淮河流域创立。

春秋战国时期襄助齐桓公建立霸业的管仲，出生在安徽颍上县，在这里建有纪念管仲的管鲍祠。安徽宿州有陈胜、吴广宣布起义、结盟誓师的“涉故台”，驻扎练武的“七十二营垒”和“骑路”。三国时著名的政治家、军事家和文学家曹操的出生地安徽亳州，有曹操青年时期读书遗址，视察农田的东西观稼台、屯粮遗址、演兵处、歇马池和栅马墙等。最为珍贵的是曹氏墓群和曹操地下运兵道。亳州还有纪念三国时神医华佗的华祖庙。“建安七子”大多出生于淮河流域。

原典

慎水[①]又东流，积为燋陂；陂水又东南流为上慎陂；又东为中慎陂；又东南为下慎陂，皆与鸿郤陂[②]水散流。其陂首受淮川[③]，左结鸿陂。汉成帝时，翟方进[④]奏毁之。建武中，汝南太守[⑤]邓晨欲修复之，知许伟君[⑥]晓知水脉，召与议之。伟君言：成帝用方进言毁之，寻而梦上天，天帝怒曰：何敢败[⑦]我濯龙渊？是后民失其利。时有童谣曰：败我陂，翟子威，反乎覆，陂当复，明府[⑧]兴，复废业。童谣之言，将有征[⑨]矣。遂署[⑩]都水掾，起塘四百余里，百姓得其利。

注释

① 慎水：在今河南省正阳县南。

② 鸿郤陂：今河南省正阳县、息县境，汝、淮两水之间。

③ 淮川：即淮河，古四渎之一，源出河南省桐柏山。

④ 翟方进：字子威，汝南上蔡（今河南省上蔡县）人。

⑤ 汝南太守：汝南郡的最高行政长官。

⑥ 许伟君：许杨，字伟君，汝南平舆（今河南省平舆县）人。《后汉书·方术列传》中有记载。

⑦ 败：毁坏。

⑧ 明府：汉魏以来对郡守牧尹的尊称。

⑨ 征：应验。

⑩ 署：任命。

译文

慎水又东流，汇聚成燋陂；陂水东南流，就是上慎陂；又东流，是中慎陂；又东南流，是下慎陂，都同鸿郤陂的水散流。这片陂塘上口由淮河给水，左边连接鸿陂。汉成帝时，翟方进上奏朝廷毁堤。建武年间，汝南太守邓晨意图修复，知道许伟君熟悉水脉，就请他来商议。许伟君说：成帝采纳翟方进的建议毁

淮河风光

淮河风光

堤后，不久就梦见自己上天，天帝发怒道，你怎敢毁坏我的濯龙潭！从此，老百姓就失却水利之益了。当时童谣说：有个翟子威，毁坏我塘堤，一返又一覆，塘堤该修复，贤明的知府兴工修复废弃的陂塘。童谣里的话就要应验了。于是任命许伟君为都水掾，筑塘四百多里，百姓都受到水利之益。

原典

昔吴[①]将伐齐[②]，北霸中国[③]，自广陵城[④]东南筑邗城[⑤]，城下掘深沟，谓之韩江[⑥]，亦曰邗溟沟，自江东北通射阳湖[⑦]，《地理志》[⑧]所谓渠水也。西北至末口[⑨]入淮。

译文

从前吴将伐齐，在北方称霸中国，就从广陵城东南筑邗城，在城下掘深沟，称为韩江，又叫邗溟沟，从大江往东北通射阳湖，这就是《地理志》所说的渠水。此沟西北流向末口，注入淮水。

注释

① 吴：古国名，传至吴王夫差，于公元前473年为越王勾践所灭。

② 齐：周朝国名，今山东省北部和河北省东南部。

③ 中国：泛指中原地区。

④ 广陵城：今江苏省扬州市。

⑤ 邗城：今江苏省扬州市

⑥ 韩江：同下文的“邗溟沟”，即今之邗沟，古运河名。

⑦ 射阳湖：古湖名，在今江苏省北部里运河和串场河之间，跨宝应、淮安、盐城、建湖、阜宁等县市。

⑧《地理志》：班固《汉书》中的内容，共两卷，是第一部以“地理”命名的著作，也是历代记述疆域政区的始祖。

⑨ 末口：今江苏省淮安市北。

原典

东北海中有大洲，谓之郁洲[①]。《山海经》[②]所谓郁山在海中者也。言是山自苍梧[③]徙此云。山上犹有南方草木，今郁州治。故崔季珪[④]之叙《述初赋》，言郁洲者，故苍梧之山也。心悦而怪之，闻其上有仙士石室也，乃往观焉。见一道人独处，休休然[5]不谈不对，顾[6]非已及也。即其赋所云：吾夕济于郁洲者也。

译文

东北海中有个大岛，称为郁洲。《山海经》说郁山坐落于大海之中，说此山是从苍梧移来的。山上还有南方的草木，现在是郁州的治所，所以崔季珪在《述初赋》序中说郁洲从前是苍梧的山峰。心里喜欢它又感到好奇，听说山上有修仙者的石室，于是就前往参观。看到有个道人悠然独处，不开口，也不答话，这不是我所能达到的境界。这就是赋中所说的：晚间我渡海到郁洲。

注释

① 郁洲：今江苏省连云港市东北云台山一带。

②《山海经》：我国古代地理名著，内容包括山川、道路、物产等。

③ 苍梧：山名，亦称九嶷山，在今湖南省宁远县南部。

④ 崔季珪：崔琰，字季珪，清河东武城（今河北省清河县）人。

⑤ 休休然：安闲的样子。

⑥ 顾：乃。

郁山镇

卷三十一

滍水、淯水、㶏水、潕水、溧水、沅水、涢水

原典

张衡[1]《南都赋》曰：其川渎[2]则滍、澧、䓖、洰，发源岩穴，布濩[3]漫汗，漭沆[4]洋溢，总括[5]急趣[6]，箭驰风疾者也。滍水又历太和川[7]，东迳小和川，又东，

温泉水[⑧]注之。水出北山阜，七源奇发[⑨]，炎热特甚。阚骃[⑩]曰：县有汤水[⑪]，可以疗疾。汤侧又有寒泉焉，地势不殊[⑫]，而炎凉[⑬]异致，虽隆火盛日[⑭]，肃[⑮]若冰谷矣。浑流[⑯]同溪，南注滍水。

译文

张衡《南都赋》说：那地方的水有滍、澧、藹、涢，发源于岩穴之间，分布地区很广，河阔水盛，汇成巨流，湍急奔腾，势如疾风飞箭。滍水又流过太和川，东经小和川，又东流，有温泉水注入。温泉水出自北山阜，七道山泉在不同的地方发源，热不可挡。阚骃说：县里有温泉，可以治病。温泉旁边又有寒泉，地势并无不同，而一热一冷却迥然各异，虽然在赤日炎炎的酷暑，却寒气森然，有如冰谷一般。二泉混合同流于一溪，南流注入滍水。

注释

① 张衡：字平子，南阳西鄂（今河南省南阳市）人，东汉天文学家、文学家，创造了世界上第一架浑天仪。

② 川渎：泛指河流。

③ 布濩：遍布。

④ 漭沆：水广阔无垠的样子。

⑤ 总括：总纳、容纳。

⑥ 急趣：急流。

⑦ 太和川：及下句的“小和川”，在今河南省鲁山县境。

⑧ 温泉水：在今河南省鲁山县西。

⑨ 奇发：异发，不同的地方发源。

⑩ 阚骃：字玄阴，北凉时敦煌（今甘肃省敦煌市）人。

⑪ 汤水：热水，这里指温泉。

⑫ 不殊：不同。

⑬ 炎凉：冷暖。

⑭ 隆火盛日：炎热似火的日子。

⑮ 肃：肃杀、阴森。

⑯ 浑流：交汇的河流。

原典

水南有汉中常侍[①]长乐太仆吉成侯州苞冢，冢前有碑，基西枕[②]冈城，开四门，门有两石兽，坟倾墓毁，碑兽沦[③]移。人有掘出一兽，犹全不破，甚高壮，头去[④]地减一丈许，作制[⑤]甚工，左膊上刻作“辟邪[⑥]”字，门表[⑦]壍上起石桥，历时不毁。其碑云：六帝四后，是谘[⑧]是诹。盖仕自安帝，没于桓后[⑨]。于时阍阉[⑩]擅权[⑪]，五侯[⑫]暴世，割剥[⑬]公私，以事生死。夫封[⑭]者表有德，碑者颂有功，自非此徒[⑮]，何用许[⑯]为？石至千春，不若速朽，苞墓万古，祗彰消辱[⑰]。呜呼，愚亦甚矣！

译文

水南有汉中常侍长乐太仆吉成侯州苞墓，墓前还留有墓碑的基座，西边靠着冈城，开了四座门，门口有两头石兽，墓已坍毁，墓碑和石兽也已沉埋或移动了。有人曾掘出一头石兽，还完好无损，样子十分高大，头部离地大约一丈，雕得十分精致。石兽左前腿上刻了“辟邪”字样。墓门外壕堑上建了石桥，历久未曾毁坏。墓碑上说：六位皇帝、四位皇后，都来咨询，听取意见。从安帝时开始任职，到桓后时亡故。当时宦官专权，五侯凌虐百姓，掠夺公私财物来满足生前或死后的贪欲。封侯为的是表彰有德，立碑是颂扬有功，如果不是这样的人，又哪里用得着这样做？这样的墓碑与其千载长存，倒不如早点儿毁掉的好。州苞墓保存到千秋万代，只不过更显得可笑可耻罢了。啊，真是太愚蠢了！

注释

① 中常侍：秦置，汉因之，兼用士人，无常员，多以为加官，得出入禁中。

② 枕：靠近、接近。

③ 沦：陷入地中。

④ 去：距离。

⑤ 作制：形状、形制。

⑥ 辟邪：古代传说中能辟御妖邪的神兽，似鹿而长尾，有两角。

⑦ 表：外。

⑧ 谘：同“咨”，跟别人商量。

⑨ 桓后：东汉皇帝刘志。后，皇帝。

⑩ 阉阉：宦官。

⑪ 擅权：专权。

⑫ 五侯：汉桓帝时同时封侯的五人，即新丰侯单超、武原侯徐璜、上蔡侯左倌、东武阳侯具瑗、汝阳侯唐衡。

⑬ 割剥：侵夺、残害。

⑭ 封：加封、分封。

⑮ 此徒：这类人。

⑯ 许：如此、这般。

⑰ 诮辱：嘲讽、耻辱。

原典

朝水[①]又东南分为二水，一水枝分东北，为樊氏陂[②]。陂东西十里，南北五里，俗谓之凡亭陂。陂东有樊氏故宅，樊氏既灭，庾氏[③]取其陂。故谚曰：陂汪汪[④]，下田良，樊子失业[⑤]庾公昌。昔在晋世，杜预继信臣[⑥]之业，复[⑦]六门陂[⑧]，遏[⑨]六门之水，下结[⑩]二十九陂，诸陂散流，咸入朝水。事见《六门碑》。六门既陂[⑪]，诸陂遂断。

注释

① 朝水：今名刁河，源出河南省内乡县西北，流经邓州市、新野县入于白河。

② 樊氏陂：在今河南省新野县西北。

③ 庾氏：当时南阳望族。

④ 汪汪：水深广的样子。

⑤ 失业：失去产业。

⑥信臣：即邵信臣，《汉书》作召信臣，字翁卿，九江寿春（今安徽省寿县）人。

⑦复：复兴。

⑧六门陂：今河南省邓州市西。

⑨遏：约束、阻拦。

⑩结：聚结、聚集。

⑪陂：聚集成塘堰。

译文

朝水又向东南流，分成两条，一条向东北分流，成为樊氏陂。这片陂塘东西长十里，南北宽五里，民间称为凡亭陂。陂东有樊氏故居，樊氏灭绝后，庾氏取得他们的陂塘。所以民谚说：陂塘一片汪洋，下边土肥田良，樊子丢了产业，庾公于是兴旺。从前在晋时，杜预继承了信臣的产业，恢复了六门陂，他堵住六门的水，在下游积潴成二十九个陂塘，这些陂塘的水分散流泄，都注入朝水。此事见于《六门碑》的记载。六门筑塘之后，诸陂就都断水了。

原典

涢水[①]出县东南大洪山[②]。山在随郡之西南、竟陵[③]之东北，盘基[④]所跨，广圆[⑤]百余里。峰曰悬钩，处平原众阜之中，为诸岭之秀[⑥]。山下有石门，夹鄣[⑦]层峻[⑧]，岩高皆数百许仞[⑨]。入石门，又得钟乳[⑩]穴，穴上素崖[⑪]壁立，非人迹所及。穴中多钟乳，凝膏[⑫]下垂，望齐冰雪，微津细液[⑬]，滴沥不断。幽穴潜远[⑭]，行者不极穷深[⑮]，以穴内常有风热[⑯]，无能经久故也。

涢水风光

注释

①涢水：今仍称涢水，发源于湖北北部大洪山，在刘家隔附近汇合北河，新沟注入汉江。

②大洪山：在今湖北省随州市西南，接京山县界。

③竟陵：古郡名，西晋置，今湖北省钟祥市。

④盘基：盘踞的山基。

⑤广圆：指面积。

⑥秀：高耸、挺拔。

⑦夹鄣：两边相对的山崖。

⑧层峻：高峻。

⑨仞：古时八尺或七尺叫作一仞。

⑩钟乳：溶洞中悬在洞顶上的像冰锥的物体，与石笋上下相对，由碳酸钙逐渐从水溶液中析出积聚而成。也叫石钟乳。

⑪ 素崖：无草木覆被的山崖。

⑫ 凝膏：凝固的石膏。

⑬ 微津细液：纤细的水流。

⑭ 潜远：深邃。

⑮ 不极穷深：达不到深洞的尽头。

⑯ 风热：热风。

译文

钟乳石

涢水发源于蔡阳县东南的大洪山。大洪山在随郡的西南、竟陵的东北，山脚盘踞的地面，方圆一百多里。有一座高峰叫悬钩峰，在平原上众多的丘陵之中，显得分外挺拔突出。山下有石门，两边山崖层沓，极其险峻，崖高都有数百仞。进了石门，又有个钟乳石山洞，山洞上方，草木不生的断崖峭峻如壁，是人迹不到之处。洞中钟乳石很多，由膏汁凝结而成，自洞顶下垂，看来就如同雪白的冰锥一样，岩中渗出一丝丝极细的水，滴滴答答地滴个不停。洞穴极深邃，没有人走到过尽头，因为洞里常有热风，人是不能久留的。

淮河水系

本篇共有七条河流，除了淯水与涢水以外，都是淮河水系的河流，古今当然已有很大变迁。滍水今称沙河，是颍河的支流，发源于河南省伏牛山与外方山之间，东流经漯河市注入颍河，称为沙颍河，全长达 300 多千米。清水今称白河，是唐白河支流，发源于河南省伏牛山，南流入湖北省，在襄阳市汇合唐河，全长约 300 千米，最后汇入汉江。隐水是颍水的支流，在古代，它实际上是颍水的正源。灈水属于汝河水系，是亲水的北支，原在灈阳（今河南遂平以东）与亲水汇合。但现在这里建有宿鸭湖水库，河道已发生很大变化，一般地图上已不绘此河。汝水，现称汝河，发源于泌阳县五峰山，全长 222.5 千米，流域面积 7376 平方千米，是洪河流域内最大的支流，因此洪河也被称为洪汝河。

卷三十二

漻水、蕲水、决水、沘水、泄水、肥水、施水、沮水、漳水、夏水、羌水、涪水、梓潼水、涔水

原典

决[1]水之入淮，俗谓之浍口。非也，斯决、灌之口矣。余往因公，至于淮津，舟车所届[2]，次[3]于决水，访其民宰[4]，与古名全违[5]，脉[6]水寻《经》，方知决口。盖灌、浍声相伦[7]，习俗[8]害真耳。

译文

决水入淮处，民间称为浍口。不对，这是决水、灌水的入口。从前我曾因公到过淮津，舟车到后，就在决水边歇宿，我走访老百姓和地方官，地名与古名全不一致，探究水脉，查考《水经》，才知道这是决口。只因灌、浍读音相同，民间沿用惯了，反而把真名埋没了。

注释

① 决：即决水，今称史河，发源于安徽和湖北二省边境的大别山，北流进入河南省，在固始县以北与灌河汇合，称为史灌河，北流注入淮河。

② 届：至、到达。

③ 次：临时驻扎。

④ 民宰：百姓和官员。

⑤ 全违：全部不同。

⑥ 脉：考求、考寻。

⑦ 相伦：相似。

⑧ 习俗：流俗。

安徽金寨境内的史河风光

原典

肥水[①]自黎浆[②]北迳寿春县[③]故城东为长濑津[④]。津侧有谢堂北亭，迎送所薄[⑤]，水陆舟车是焉萃止[⑥]。又西北，右合东溪。溪水引渎北出，西南流迳导公寺西。寺侧因溪建刹[⑦]五层，屋宇闲敞[⑧]，崇虚[⑨]携觉也。又西南流注于肥。肥水又西迳东台下，台即寿春外郭[⑩]东北隅阿之榭也。东侧有一湖，三春[⑪]九夏，红荷覆水。引渎城隍[⑫]，水积成潭，谓之东台湖，亦肥南播[⑬]也。肥水西迳寿春县故城北，右合北溪，水导北山，泉源下注，漱[⑭]石颓隍。水上长林插天，高柯负日。出于山林，精舍[⑮]右，山渊寺左，道[⑯]俗嬉游，多萃其下，内外[⑰]引汲，泉同七净[⑱]。溪水沿注，西南迳陆道士解南精庐，临侧川溪，大不为广，小足闲居，亦胜境也。溪水西南注于肥水。

注释

① 肥水：今称东肥河，发源于肥西县北大潜山，北流至寿春县注入瓦埠湖，然后在八公山附近注入淮河。

② 黎浆：在今安徽省寿县。

③ 寿春县：古县名，秦置，今安徽省寿县。

④ 长濑津：在今安徽省寿县境内。

⑤ 薄：迫近、止。

⑥ 萃止：聚集。

⑦ 刹：佛教的寺庙。

⑧ 闲敞：空阔宽敞。

⑨ 崇虚：高耸。

⑩ 外郭：外城。

⑪ 三春：暮春。

⑫ 城隍：护城河。

⑬ 播：扩散、流散。

⑭ 漱：冲刷。

⑮ 精舍：佛寺、塔庙。

⑯ 道：僧人和道人。

⑰ 内外：寺内寺外。

⑱ 七净：佛教词语，佛教中本指不染不净，以花比喻七种净德，又称七净花，这里取清净之意。

译文

肥水从黎浆北流，经寿春县老城东，就到了长濑津。旁边有谢堂北亭，迎宾送友都要来到这里，无论是水路还是陆路，过往舟车都要聚集在这里歇息。又西北流，在右边汇合了东溪。溪水引了一条水渠北出，往西南流经导公寺西。寺旁临溪建塔，高五层，寺院屋宇闲静宽敞，塔高耸峻峭。又西南流，注入肥水。肥水又西流，经东台下，此台就是寿春外城东北角的水榭。东边有湖，暮春、夏日里红艳艳的荷花盖满湖面。流水经沟渠引入城河，积成水潭，叫东台湖，也是肥水南流形成的。肥水西流经寿春县老城北，在右边汇合了北溪。溪水发源于北山，泉水奔泻而下，冲刷着溪石，流泻于山涧中。山涧头上，密林插天，高高的树上

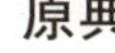

挂着太阳。涧水流出山林，在僧舍的右边、山渊寺的左边，僧道和世俗男女常聚集在那里嬉游，寺内寺外的人都从溪里汲水，泉水十分清净。溪水西南流，陆道士解南精庐就建在溪旁，庐舍大的不显空旷，小的也足够安居，也是一处胜境。溪水西南流，注入肥水。

原典

昔在晋世，谢玄①北御苻坚，祈八公山②，及置阵于肥水③之滨，坚望山上草木，咸为人状，此即坚战败处。非八公之灵有助，盖苻氏将亡之惑④也。

注释

① 谢玄：字幼度。苻坚入侵，谢玄以前锋都督，率精锐八千，大破苻坚兵百万于肥水。

② 八公山：在今安徽省寿县城北。八公，相传为西汉淮南王刘安所见的八位仙人，皆有驻衰之术。

③ 肥水：今称东肥河，发源于肥西县北大潜山，北流至寿春县注入瓦埠湖，然后在八公山附近注入淮河。历史上著名的“肥水之战”就发生在这里。

④ 惑：神志昏乱。

译文

从前晋时，谢玄抗御苻坚南侵，在八公山祈祷，在肥水之滨布置战阵，苻坚遥望山上草木，好像都是人的模样，这里就是苻坚战败的地方。这不是什么八公的神灵在保佑晋军，实际上是苻氏将亡，所以神志昏乱之故。

原典

昔岑彭①与臧宫②自江州从涪水上，公孙述③令延岑盛兵于沈水，宫左步右骑，夹船④而进，势动山谷，大破岑军，斩首、溺水者万余人，水为浊流。

注释

① 岑彭：字君然，南阳棘阳（今河南省南阳市）人，光武帝时奉命击蜀，公孙述震惊。

② 臧宫：字君翁，颍川郏（今河南省郏县）人，光武帝时期封思侯。

③ 公孙述：字子阳，扶风茂陵（今陕西省兴平市）人，公元 25 年自立为蜀王，定都成都。

④ 夹船：在船的两边。

译文

从前岑彭和臧宫从江州出发，循涪水而上，公孙述命令延岑在沈水部署强大的兵力，臧宫左翼为步兵，右翼为骑兵，在两边拥着船只前进，声势震动整个山谷，大败延岑军，斩首和落水淹死的有一万多人，把整条江水都弄浑浊了。

溮水等几大河流

梅山水库风光

梅山水库风光

溮水是涢水的支流，发源于湖北、河南二省边界上的桐柏山。上游今已建成先觉庙水库，下流在今随州市以南的淅河注入涢水。一般地图上已经不标出此河名称。蕲水今仍称蕲水，又名蕲河，是长江支流，发源于湖北、安徽二省边境英山县大浮山，西南流在蕲春县附近注入长江，全长仅 100 多千米。决水今称史河，发源于安徽和湖北二省边境的大别山，上游在安徽金寨县建有梅山水库，北流进入河南省，在固始县以北与灌河汇合，称为史灌河，北流注入淮河，全长约 120 千米。沘水又称淠河，发源于大别山，北流在正阳关附近注入淮河，全长约 250 千米。泄水今称汲河，发源于安徽省金寨县东南，东流至霍邱县注入城东湖与淮河汇合，全长 110 千米。肥水今称东肥河，发源于肥西县北大潜山，北流至寿春县注入瓦埠湖，然后在八公山附近注入淮河。历史上著名的“肥水之战”就发生在这里。施水发源于今合肥市以西，上游今已建成董铺水库，东流经合肥市而南折注入巢湖。由于巢湖通过裕溪口与长江沟通，所以施水也是长江的支流。沮水今称沮河，是长江的支流，此水发源于湖北省保康县西南，南流在当阳市南与漳河汇合，称为沮漳河，在江陵市附近注入长江，全长 200 多千米。漳水今仍称漳水，也名漳河，发源于湖北省南漳县西南，南流至当阳市南与沮河汇合，称为沮漳河，注入长江。

卷三十三

江　水

原典

岷山①，即渎山也，水曰渎水矣；又谓之汶阜山，在徼外②，江水所导也。《益州记》③曰：大江泉源，即今所闻，始发羊膊岭④下，缘崖⑤散漫，小水百数，殆未滥觞矣。东南下百余里至白马岭⑥，而历天彭阙，亦谓之为天彭谷也。秦昭王以李冰[7]为蜀守，冰见氐道县[8]有天彭山，两山相对，其形如阙[9]，谓之天彭门，亦曰天彭阙。江水自此已上至微弱，所谓发源滥觞[10]者也。汉元延中，岷山崩，壅江水，三日不流。扬雄[11]《反离骚》云：自岷山投诸江流，以吊屈原，名曰《反骚》也。江水自天彭阙东迳汶关，而历氐道县北。汉武帝元鼎六年，分蜀郡[12]北部置汶山郡以统之。县，本秦始皇置，后为升迁县[13]也。《益州记》曰：自白马岭回行[14]二十余里至龙涸[15]；又八十里至蚕陵县[16]；又南下六十里至石镜；又六十余里而至北部[17]，始百许步；又西百二十余里至汶山故郡，乃广二百余步；又西南百八十里至湿坂，江稍大矣。

岷江位置图

注释

① 岷山：山名，古称汶山。自四川、甘肃两省边境绵延到四川境内，主体部分在四川省北部。

② 徼外：塞外。

③《益州记》：书名，著者不详。

④ 羊膊岭：在四川省松潘县西北岷山之麓，岷江发源于此。古人以为岷江是长江的主源，因而有大江发源于此岭的说法。

⑤ 缘崖：沿着山崖。

⑥ 白马岭：今四川省松潘县西北。

⑦ 李冰：战国秦昭王时为蜀郡太守，凿离堆以灌溉诸郡，沃野千里，而无水患，号为陆海。

译文

岷山就是渎山，水叫渎水；又叫汶阜山，远在塞外，江水就发源于那里。《益州记》说：大江的源泉，按现今所知，开头是从羊膊岭下流出，水沿山崖散开，涓涓细流多以百计，浅得几乎连酒杯也浮不起来。水向东南流泻一百多里，到达白马岭，经过天彭阙，又叫天彭谷。秦昭王派李冰当蜀郡太守，李冰见氐道县有天彭山，两山相对，形状如门，称为天彭门，又叫天彭阙。江水从这里起，上流十分细弱，所谓发源时只能浮起酒杯，就是指此。汉元延年间，岷山崩塌，堵塞了江水，以致三日不流。扬雄作赋，在《反离骚》中说：从岷山投入江流之中，以吊屈原，名为《反骚》。江水从天彭

⑧ 氐道县：古县名，即湔氐道，本湔氐地，秦置，今四川省松潘县北。

⑨ 阙：官门、城门两侧的高台，中间有道路，台上起楼观。

⑩ 发源滥觞：语出《荀子·子道篇》："昔者江出于岷山，其始出也，其源可以滥觞。"

⑪ 扬雄：一作杨雄，西汉文学家，字子云，蜀郡成都（今四川省成都市）人。

⑫ 蜀郡：古郡名，战国秦置，今四川省成都市。

⑬ 升迁县：古县名，西晋置，今四川省松潘县西北。

⑭ 回行：迂回奔流。

⑮ 龙涸：今四川省松潘县。

⑯ 蚕陵县：古县名，西汉置，因在蚕陵山下而得名，今四川省茂县北叠溪镇。

⑰ 北部：即北部都尉治。南朝齐置，今四川省茂县西北。

阙东经汶关，又流过氐道县北。汉武帝元鼎六年，划蜀郡北部设置汶山郡，以管辖该县。氐道县原是秦始皇所置，后来改为升迁县。《益州记》说：江水从白马岭萦纡流奔二十多里，到龙涸；又八十里，到蚕陵县；又南下六十里，到石镜；又六十多里到北部，江宽才有一百多步。江水又西流一百二十多里，到达旧汶山郡时，宽度才有两百多步；又向西南奔流了一百八十里，到湿坂，江才稍大了一点儿。

岷　江

岷　山

岷山，自中国甘肃省南部延伸至四川省西北部的一褶皱山脉，大致呈南北走向，全长约 500 千米，主峰雪宝顶位于四川省松潘县境内，海拔 5588 米。岷山是长江水系的岷江、涪江、白水河与黄河水系的黑水河的分水岭。峰峦重叠，河谷深切。

岷山山清水秀、文化底蕴深厚，拥有世界自然遗产九寨沟、黄龙、大熊栖息地，世界文化遗产青城山、都江堰，世界自然与文化双遗产峨眉山、乐山大佛，是中国古史神话传说中上帝与众神的天庭所在地"海内昆仑山"和神仙文化、道教发祥地，也是中华人文女祖、蚕桑神、旅游神嫘祖和治水英雄大禹的故里、古蜀文明的发祥地，中国最佳旅游城市成都位于岷山东麓。

1935 年 9 月，长征中的中央红军翻越岷山的时候，毛泽东同志在山顶上极目四望，写下了“更喜岷山千里雪，三军过后尽开颜”的诗句。

原典

李冰作大堰[①]于此，壅江作堋[②]，堋有左右口，谓之湔堋。江入郫江[③]、捡江[④]以行舟。《益州记》[⑤]曰：江至都安[⑥]，堰其右，捡其左，其正流[⑦]遂东，郫江之右也。因山[⑧]颓水[⑨]，坐致竹木[⑩]，以溉诸郡。又穿羊摩江[⑪]，灌江西。于玉女房[⑫]下白沙邮，作三石人立水中，刻[⑬]要江神：水竭不至足，盛不没肩。是以蜀人旱则藉以为溉，雨则不遏其流。故《记》曰：水旱从人[⑭]，不知饥馑[⑮]，沃野千里，世号陆海[⑯]，谓之天府也。邮在堰上，俗谓之都安大堰，亦曰湔堰，又谓之金堤。左思[⑰]《蜀都赋》云：西踰金堤者也。诸葛亮北征，以此堰农本，国之所资，以征丁[⑱]千二百人主护之，有堰官。

译文

李冰在这里造了一条大堰，截住汇流，堰坝左右两边都有出水口，称为湔堋。大江流入郫江、捡江以便通航。《益州记》说：大江流到都安，在右边筑堰堵水，在左边造堤控流，江的干流于是就移到东边，位置在郫江右面了。利用山势滑放竹木入江，不费力气就可运到，水还可以灌溉诸郡。李冰又凿穿羊摩江，灌溉江西的田地。在玉女房下的白沙邮，造了三个石人，立在水中，并在石人身上刻记着与水神的约

注释

① 大堰：即今都江堰，我国古代著名的水利工程之一，在今四川省都江堰市西北岷江中游。

② 堋：分水的堤坝。《太平寰宇记》记载：蜀人谓堰为堋。

③ 郫江：即今之毗河。在四川境内，自都江堰市分岷江东流，经郫县至成都，与锦江合。

④ 捡江：在今四川省境内。

⑤《益州记》：书名，著者不详。即下文的《记》。

⑥ 都安：古县名，三国蜀置，今四川省都江堰市东。

⑦ 正流：主干流。

⑧ 因山：凭借山势。

⑨ 颓水：颓落的江水。

⑩ 坐致竹木：把竹木从山上滑落入江水中，随流漂至，不需搬运，故曰“坐致”。

⑪ 羊摩江：即今羊马河，是分外江（岷江正流）水以灌溉外江以西农田的一条干渠，故云“灌江西”。与岷江平行南流，至新津复入岷江。

⑫ 玉女房：今白沙街西龙溪山崖上。

定：枯水时不露脚，涨水时不没肩。因而蜀人天旱时可用来灌溉，多雨时不堵塞水流。所以《益州记》说：水旱都任人安排，饥荒绝迹，沃野千里，因此世人号称陆海，又叫天府。邮亭就在堰上，民间称此堰为都安大堰，也叫湔堰，又称金堤。左思《蜀都赋》说：向西越过金堤，即指此堤。诸葛亮北征时，将此堰视为农业的命脉，国家赖以给养。他征召了一千二百名兵丁负责护堰，并设堰官。

⑬ 刻：雕刻、刻记。

⑭ 从人：顺从人的意愿。

⑮ 饥馑：古代谷不熟为饥，蔬不熟为谨。泛指灾荒。

⑯ 陆海：物产富饶之地。

⑰ 左思：西晋文学家，字太冲，齐国临淄（今山东省淄博市东北）人，著有《三都赋》，名重一时，“洛阳为之纸贵”。

⑱ 征丁：征召的兵丁。

都江堰

都江堰位于四川省都江堰市城西，是中国古代建设并使用至今的大型水利工程，被誉为“世界水利文化的鼻祖”，是四川著名的旅游胜地。通常认为，都江堰水利工程是由秦国蜀郡太守李冰及其子率众于公元前 256 年左右修建的。2000 年，都江堰以其为“当今世界年代久远、唯一留存、以无坝引水为特征的宏大水利工程”，与青城山共同作为一项世界文化遗产被列入世界遗产名录。

都江堰

都江堰

原典

江水又东迳瞿巫滩，即下瞿滩也，又谓之博望滩[①]。左则汤溪水[②]注之，水源出县北六百余里上庸[③]界，南流历县，翼带[④]盐井一百所，巴[⑤]、川资以自给。粒大者方寸，中央隆起，形如张伞，故因名之曰伞子盐。有不成者，形亦必方，异于常盐矣。王隐[⑥]《晋书·地道记》曰：入汤口四十三里，有石煮以为盐，石大者如升，小者如拳，煮之水竭盐成。盖蜀火井[⑦]之伦，水火相得[⑧]，乃佳矣。

注释

① 博望滩：西汉博望侯张骞出使外国，经此船没，因以名滩。

② 汤溪水：在今重庆市云阳县。

③ 上庸：古郡名，东汉置，今湖北省竹山县西南。

④ 翼带：两边连缀。

⑤ 巴：指四川省东部和重庆市一带。

⑥ 王隐：西晋人，字处叔，陈郡陈县（今河南省淮阳县）人，撰有《晋书》，今已亡佚。

⑦ 火井：出产可燃天然气的井，古代多用来煮盐。

⑧ 相得：相配比例恰当。

译文

江水又东流，经瞿巫滩，就是下瞿滩，又叫博望滩；左岸有汤溪水注入。汤溪水源出县北六百多里的上庸边界，南流经历县境，两岸有盐井一百多处，巴、川就靠这些盐井来自给。盐粒大的一寸见方，中央隆起，形状就像一把张开的伞，所以叫伞子盐。有的虽然不呈伞状，但也一定是方形的，和普通的盐不同。王隐《晋书·地道记》说：从汤口进去四十三里，有石头可以煮出盐来，石头大的像升，小的像拳头，煮到水都干尽，盐也就结成了。这大概也是蜀地的天然气井一类，水火互相配合，才能煮出好盐来。

原典

江水又东迳广溪峡[①]，斯乃三峡之首也。其间三十里，颓岩[②]倚木，厥势殆交[③]。北岸山上有神渊，渊北有白盐崖，高可千余丈，俯临神渊。土人见其高白，故因名之。天旱，燃木岸上，推其灰烬，下秽[④]渊中，

注释

① 广溪峡：杨守敬认为即瞿塘峡，长江三峡之一。西起重庆市奉节县白帝城，东至巫山县大宁河口。

② 颓岩：颓落欲坠的岩石。

③ 殆交：大概要交接在一起。

④ 秽：污秽、弄脏。

寻即降雨。常璩[⑤]曰：县有山泽水神，旱时鸣鼓请雨，则必应嘉泽[⑥]。《蜀都赋》[⑦]所谓应鸣鼓而兴雨也。峡中有瞿塘、黄龛二滩，夏水回[⑧]复[⑨]，沿[⑩]泝所忌。瞿塘滩上有神庙，尤至[⑪]灵验，刺史二千石迳过，皆不得鸣角伐鼓，商旅上水，恐触石有声，乃以布裹篙足。今则不能尔，犹飨荐不辍。此峡多猨[⑫]，猨不生北岸，非惟一处，或有取之放著[⑬]北山中，初不[⑭]闻声，将同狢兽[⑮]渡汶而不生矣。

瞿塘峡风光

⑤ 常璩：东晋史学家，字道将，蜀郡江原（今四川省崇州市）人，撰有《华阳国志》，为现存最早的古方志书之一。

⑥ 嘉泽：好雨水。

⑦《蜀都赋》：左思著，《三都赋》之一。

⑧ 回：回绕。

⑨ 复：形成旋涡。

⑩ 沿：顺流而下。

⑪ 尤至：极其、非常。

⑫ 猨：同“猿”，猿猴。

⑬ 放著：放到。

⑭ 初不：一点儿也不。

⑮ 狢兽：外形像狐狸的兽。狢，同“貉”。

译文

江水继续东流，经广溪峡，这是三峡的上端。峡长三十里，其间惊险的危岩、斜出的树木，看来几乎两边要互相交接似的。北岸山上有神渊，渊北有白盐崖，高达一千多丈，俯临神渊。当地人看到它又高又白，所以取了这个名字。天旱时在岸上焚烧树木，把灰烬推到深潭中，弄脏潭水，立刻就会下雨。常璩说：县里有山泽水神，天旱时击鼓求雨，就一定应验，会有甘霖喜降。这就是《蜀都赋》所说的：一敲鼓就会下雨。峡中有瞿塘、黄龛两处险滩，夏天洪水激起旋涡，上滩下滩都要提心吊胆。瞿塘滩上有座神庙，尤其灵验，刺史和一级官员经过这里，都不可吹号打鼓。商旅上水时，怕碰到石头发出声响，就用布包起撑竿的下端。现在虽不必这样做了，但祭祀进献水神还是没有中断过。峡中猿猴很多，但北岸却没有猿猴——这里不是仅指某一处，有人捕捉了猿猴放到北山去，却一点儿也听不到它的叫声了，也许就像貉那样，过了汶水就不能生存了。

卷三十四

江　水

原典

江水又东迳巫峡[①]。杜宇所凿，以通江水也。郭仲产[②]云：按《地理志》，巫山在县西南，而今县东有巫山，将郡、县居治无恒故也。江水历峡东迳新崩滩。此山，汉和帝永元十二年崩，晋太元二年又崩，当崩之日，水逆流百余里，涌起数十丈。今滩上有石，或圆如箪[③]，或方似屋，若此者甚众，皆崩崖所陨，致怒湍流，故谓之新崩滩。其颓岩[④]所余，比之诸岭，尚为竦桀。其下十余里有大巫山，非惟[⑤]三峡所无，乃当抗峰岷、峨，偕[⑥]岭衡、疑，其翼附群山，并槩青云，更就[⑦]霄汉[⑧]，辨其优劣耳。神孟涂所处。《山海经》曰：夏后[⑨]启之臣孟涂，是司神于巴，巴人讼于孟涂之所，其衣有血者执之[⑩]，是请生。居山上，在丹山西。郭景纯云：丹山[⑪]在丹阳[⑫]，属巴。丹山西即巫山者也。又帝女居焉，宋玉所谓天帝之季女，名曰瑶姬，未行[⑬]而亡，封于巫山之阳，精魂为草，寔为灵芝。所谓巫山之女，高唐之阻[⑭]，旦为行云，暮为行雨[⑮]，朝朝暮暮，阳台之下。旦早视之，果如其言。故为立庙，号朝云焉。其间首尾百六十里，谓之巫峡，盖因山为名也。

注释

① 巫峡：长江三峡之一。西起重庆市巫山县大宁河口，东至湖北省巴东县官渡口。

② 郭仲产：南朝宋尚书库部郎，撰有《襄阳记》《南雍州记》等。

③ 箪：古代盛饭用的圆形竹器。

④ 颓岩：颓落的岩石。

⑤ 非惟：不仅仅。

⑥ 偕：同、等同。

⑦ 就：靠近。

⑧ 霄汉：天空。

⑨ 夏后：大禹的儿子启，是夏朝的国君，建立了我国历史上第一个奴隶制政权。

⑩ 其衣有血者执之：郭璞云，不直者则血见于衣。

⑪ 丹山：即巫山。

⑫ 丹阳：今湖北省秭归县东南。

⑬ 行：出嫁。

⑭ 高唐之阻：一作“高唐之姬”。

⑮ 行雨：游移的雨滴。

译文

江水继续东流，穿过巫峡，巫峡是杜宇所凿，以疏通江水。郭仲产说：按《地理志》，巫山在巫县县城西南，但现在县城东却有巫山，或许这是郡县治所地址常有迁移变动的缘故吧。江水穿过山峡东流，经过新崩滩。汉和帝永元十二年，此处山崩，晋太元二年再次山崩。山崩那天江水倒流一百多里，水涌高达数十丈。现在滩上有很多巨石，圆的如饭箩，方的如房屋，都是从山崖上塌下的，致使急流奔腾怒吼，所以叫新崩滩。

巫 峡

崩塌后留下的石峰，与许多别的山岭相比起来，显得还是相当高峻的。下流十多里有大巫山，这座山的高峻不但是三峡所没有的，而且可以与岷山和峨眉山一争上下，与衡山和九嶷山互比高低，周围相连的群山，都是高入青云，只有攀登到天上，才分辨得出它们的高下。大巫山是司法之神孟涂的居处。《山海经》说：夏启的臣子孟涂，在巴做了司法之神，巴人到孟涂的住所来告状，他只把衣服上有血迹的人抓住，决不滥杀无辜，而有好生之德。他住在山上，在丹山西面。郭景纯说：丹山在丹阳，属巴郡。丹山西就是巫山。此外，赤帝的女儿也住在这里，就是宋玉所说的天帝的小女儿，名叫瑶姬，她还没有出嫁就死了，葬在巫山的南面，精魂化成草，结成灵芝。这就是所谓居于高唐险阻处的巫山神女，早上她是飘荡的云，向晚她是游移的雨，每天早晚，都在阳台下面。次日一早，楚王起来一看，果然像神女所说的一样，于是就为她修建庙宇，称为朝云。山峡从起点到终点长一百六十里，称为巫峡，大概就是因山而得名的。

巫 峡

原典

自[①]三峡[②]七百里中，两岸连山，略无[③]阙处。重岩迭嶂[④]，隐天蔽日，自非[⑤]停午夜分，不见曦月[⑥]。至于[⑦]夏水襄陵，沿[⑧]泝阻绝，或[⑨]王命急宣，有时朝发白帝[⑩]，暮到江陵[⑪]，其间千二百里，虽[⑫]乘奔御风，不以疾[⑬]也。春冬之时，则素湍绿潭，回清倒影，绝巘[⑭]多生怪柏，悬泉瀑布，飞漱[⑮]其间，清荣峻茂，良[⑯]多趣味。每至晴初[⑰]霜旦，林寒涧肃，常有高猿长啸，属引[⑱]凄异，空谷传响，哀转[⑲]久绝。故渔者歌曰：巴东三峡巫峡长，猿鸣三声泪沾裳。

三峡大坝全貌

注释

① 自：在。

② 三峡："长江三峡"的简称，其说不一，一般指瞿塘峡、巫峡和西陵峡，但《水经注》以广溪峡、巫峡、西陵峡为三峡。

③ 略无：全无、没有一点儿。

④ 重岩迭嶂：重重叠叠的高山险峰。

⑤ 自非：除非。

⑥ 曦月：日月。

⑦ 至于：等到。

⑧ 沿：顺流而下。

⑨ 或：有时候。

⑩ 白帝：古城名，今重庆市奉节县东白帝山上。

⑪ 江陵：今湖北省荆州市。

⑫ 虽：即使。

⑬ 不以疾：也算不上急速。

⑭ 绝巘：极高的山顶。

⑮ 飞漱：疾速地冲荡。

⑯ 良：极其、非常。

⑰ 晴初：雨后刚放晴。

⑱ 属引：连缀和鸣。

⑲ 哀转：悲哀婉转的声音。

译文

三峡七百里的水路间，两岸山脉连绵不绝，其间没有一点儿空缺之处。层沓的岩石和峰峦，遮住天空，掩住阳光，不到中午或夜里，看不到太阳或月亮。到了夏天，大水升涨，淹没了丘陵，不论上水还是下水就都阻断了。如果朝廷颁发诏令火速传达，有时早上从白帝城出发，晚间就可到江陵，其间行程一千二百里，即使骑着快马，乘着疾风，也没有这般迅速。春天和冬天时节，又另是一番景象：白浪轻扬，澄潭泛绿，清波间映着倒影，陡峻的峰峦上长满奇诡的柏树，悬崖上的瀑布飞奔直下，这种林泉山石的奇秀风光，真是引人入胜。每逢初晴的日子和凝霜的清晨，山林寒寂，涧水无声，高处却常常传来猿猴一声声不断的长啸，声音十分凄楚，空谷里回荡着袅袅的余音，久久方才消失。所以渔夫唱道：巴东三峡巫峡长，猿鸣三声泪沾裳。

三峡大坝

三峡大坝全长约2309米，坝高185米，工程总投资约为4955亿元，于1994年12月14日正式动工修建，2006年5月20日全线修建成功。水库正常蓄水位175米，防洪库容约222亿立方米，总库容达393亿立方米，可充分发挥其长江中下游防洪体系中的关键性骨干作用，并显著改善长江宜昌至重庆660千米的航道，万吨级船队可直达重庆港，发挥防洪、发电、航运、养殖、旅游、南水北调、供水灌溉等十大效益，是世界上任何巨型电站无法比拟的。

原典

江水又东迳黄牛山①，下有滩，名曰黄牛滩，南岸重岭迭起，最外高崖间有石，色②如人负刀牵牛，人黑牛黄，成就③分明④，既人迹所绝，莫得究焉。此岩既高，加以江湍纡回⑤，虽途迳信宿⑥，犹望见此物故行者谣曰：朝发黄牛，暮宿黄牛，三朝三暮，黄牛如故。言水路纡深⑦，回望如一矣。

注释

① 黄牛山：与下文的“黄牛滩”，均在今湖北省宜昌市境内。

② 色：形状。

③ 成就：形成。

④ 分明：清晰逼真。

⑤ 纡回：回旋、环绕。

⑥ 信宿：两三日。

⑦ 纡深：回环幽深。

译文

江水继续东流，经过黄牛山，山下有滩，叫黄牛滩。南岸峰岭层叠而起，最外重的高崖间有一块岩石，形状像一个人背着刀、牵着牛；人色黑，牛色黄，完全是天然形成，形象十分清晰，但那是人迹不到的地方，也就无法去看个究竟了。这块岩石很高，又加湍急的江流回环曲折，因而虽经两三天的航程，还能看到这块奇岩。所以行人编了一首歌谣说：清晨从黄牛起程，晚上在黄牛栖身，三个清晨又三个晚上，黄牛还是这般模样。歌谣是说水路迂回深曲，回头眺望时，仿佛总是还在同一个地方。

原典

江水又东迳西陵峡①，《宜都记》曰：自黄牛滩东入西陵界，至峡口百许里，山水纡曲，而两岸高山重障，非日中夜半，不见日月。绝壁或千许丈，其石彩色，形容②多所像类。林木高茂，略尽冬春。猿鸣至清③，山谷传响④，泠泠⑤不绝。所谓三峡，此其一也。山松⑥言：常闻峡中水疾，书记⑦及口传，悉以临惧相戒，曾无⑧称有山水之美也。及余来践跻⑨此境，既至欣然，始信耳闻之不如亲见矣。其迭崿⑩秀峰，奇构异形，固⑪难以辞叙；林木萧森，离离蔚蔚⑫，乃在霞气⑬之表，仰瞩俯映，弥习弥佳⑭，流连信宿，不觉忘返，目所履历，未尝有也。既自欣得此奇观，山水有灵，亦当惊知己于千古矣。

注释

① 西陵峡：长江三峡之一。西起湖北省巴东县官渡口，东至宜昌市南津关，为长江三峡中最长的峡谷。

② 形容：形状。

③ 至清：极其清越响亮。

④ 响：回声。

⑤ 泠泠：形容声音清越。

⑥ 山松：即袁山松，名一作崧，东晋文学家，陈郡阳夏（今河南省太康县）人，曾任宜都太守。

⑦ 书记：书中记载。

⑧ 曾无：全无、没有一个。

⑨ 践跻：亲自登临。

⑩ 迭崿：重重叠叠的高崖。

⑪ 固：的确。

⑫ 离离蔚蔚：浓密茂盛的样子。

⑬ 霞气：彩霞和云气。

⑭ 弥习弥佳：越看越美妙。

译文

江水又东流，经过西陵峡。《宜都记》说：从黄牛滩往东进入西陵境内，到峡口的百里左右航程中，山水环绕曲折。两岸高山峻岭层层叠叠，不到正午或夜半，看不见太阳或月亮。绝壁有的高达千丈，岩石色彩缤纷，形状常常很像某种事物。树高林密，经冬常绿不凋。猿鸣声极其清越，山谷里回声荡漾，久久不绝。所谓三峡，

西陵峡风光

这就是其中之一。袁山松说：常听人们说，峡中水流险急，书中的记载和口头的传闻，都是讲述身临险境时的可怕情景，以此来相告诫，却没有人谈到这里山水之美的。待到我亲自踏上这片土地，一到这里就满怀欣喜，这才相信耳闻总不如亲见了。那层叠的崖壁、秀丽的峰峦，奇形怪状，姿态万千，实在难以用笔墨形容；林木参差，郁郁葱葱，高与云霞相接，仰观山色，俯视倒影，愈看愈感美妙，流连游赏了两天，不觉乐而忘返；平生亲眼所见的景物，没有像这样壮丽的了。我一边为自己能一睹这样的奇观而高兴，一边又想，山水如果有灵，那么千秋万代之中能够得到一个知己，也该感到惊喜了。

卷三十五

江　水

原典

又东，右合油口[①]；又东迳公安县[②]北。刘备之奔江陵，使筑而镇之。曹公闻孙权以荆州[③]借备，临书落笔。杜预[④]克定[⑤]江南，罢华容[⑥]置之，谓之江安县，南郡[⑦]治。吴以华容之南乡为南郡，晋太康元年，改曰南平[⑧]也。县有油水，水东有景口，口即武陵郡[⑨]界。景口东有沦口，沦水南与景水合，又东通澧水及诸陂湖。自此渊潭相接，悉是南蛮府[⑩]屯也。故侧[⑪]江有大城，相承云仓储城，即邸阁也。江水左会高口，江浦[⑫]也。右对黄州[⑬]，江水又东得故市口，水与高水通也。江水又右迳阳岐山[⑭]北。山枕大江，山东有城，故华容县尉[⑮]旧治也。大江又东，左合子夏口，江水左迤北出，通于夏水，故曰子夏也。大江又东，左得侯台水口，江浦也；大江右得龙穴水口，江浦右迤[⑯]也，北对虎洲，又洲北有龙巢，地名也。

注释

① 油口：今湖北省公安县北，为古油水入长江口。

② 公安县：即下文的“江安县”。三国吴之公安县，晋改为江安县，今湖北省公安县。

③ 荆州：汉武帝所置十三部刺史部之一，今湖北、湖南两省及河南、贵州、广东、广西四省区各一部。东汉治今湖南省常德市东北，东晋时定治今湖北省江陵县。

④ 杜预：西晋文学家，字元凯，京兆杜陵（今陕西省西安市）人，著有《春秋左氏传集解》传世。

⑤ 克定：平定。

⑥ 华容：古县名，西汉置，今湖北省潜江县西南。一说在监利县北。

⑦ 南郡：古郡名，战国秦置。

三国吴移治今湖北省公安县，西晋又移治今湖北省江陵县。

⑧ 南平：古郡名，西晋置，今湖北省公安县西北。

⑨ 武陵郡：古郡名，汉高祖置。东汉治今湖南省常德市西。

⑩ 南蛮府：熊会贞按：《晋书·职官志》，武帝置南蛮校尉于襄阳（今湖北省襄阳市），江左初省，寻又置于江陵（今湖北省江陵县）。

⑪ 侧：临近、靠近。

⑫ 浦：小水流入大水的交汇口。

⑬ 黄州：今湖北省公安县南。

⑭ 阳岐山：今湖北省石首市西。

⑮ 华容县尉：华容县武官。

⑯ 迤：延伸。

译文

江水又东流，右边汇合油口；又东流，经公安县北。刘备逃奔到江陵时，派人筑城镇守。曹操正在写信，听说孙权把荆州借给刘备，吃了一惊，不觉把笔掉在地上。杜预平定江南后，撤废华容，另行设县，叫江安县，是南郡的治所。吴把华容南乡设为南郡，晋太康元年，改名南平，县里有油水，水东有景口，靠近武陵郡边界。景口东有沦口，沦水南流与景水汇合，又东流与澧水和各陂湖相通。从这里开始，深潭接连不断，岸上全都是南蛮府驻军的地方。旧时江边有大城，相传是仓储城，就是军粮军需仓库。江水左岸汇合高口，是个牛轭湖，右岸与黄州相望。江水又东流，到故市口，这里的水与高水相通。江水右边又流经阳岐山北。阳岐山靠近大江，东边有城，是旧时华容县尉的治所。大江又东流，左边汇合子夏口，江水向左分出支流，奔向北方，与夏水相通，所以叫子夏。大江又东流，左岸有侯台水口，是个牛轭湖；右岸有龙穴水口，也是牛轭湖，右岸有港汊通入，水口北对虎洲，洲北有龙巢，是个地名。

原典

船官浦[1]东即黄鹄山[2]，林涧甚美，谯郡[3]戴仲若野服居之。山下谓之黄鹄岸[4]，岸下有湾，目之为黄鹄湾[5]。黄鹄山东北对夏口城[6]，魏黄初二年，孙权所筑也。依山傍江，开势明远[7]，凭墉藉阻，高观[8]枕流。上则游目[9]流川，下则激浪崎岖，寔[10]舟人之所艰也。

注释

① 船官浦：在今湖北省武汉市武昌区西。

② 黄鹄山：在今湖北省武汉市武昌区西。

③ 谯郡：古郡名，东汉置，今安徽省亳州市。

④ 黄鹄岸：在今湖北省武汉市。

⑤ 黄鹄湾：在今湖北省武汉市。

⑥ 夏口城：今湖北省武汉市江夏区。

⑦ 开势明远：地势开阔辽远。

⑧ 高观：瞻望高远。

⑨ 游目：纵目、放眼四望。

⑩ 寔：同“实”，实在、的确。

译文

船官浦东就是黄鹄山，山林溪涧十分优美，谯郡戴仲若当山野村夫的时候就住在这里。山下叫黄鹄岸，岸下有湾，名为黄鹄湾。黄鹄山东北与夏口城相望，此城是魏黄初二年孙权所筑。夏口城倚山临江，视野开阔，有坚城和天险可恃，高高的城楼俯临江流，城楼上可以眺望奔流的大江，城楼下是激浪汹涌的险流，船夫在这里航行，实在是非常困难的。

黄鹄山

卷三十六

青衣水、桓水、若水、沫水、延江水、存水、温水

原典

郡西南二百里得所绾堂琅县[①]，西北行，上高山，羊肠绳屈[②]八十余里，或攀木而升，或绳索相牵而上，缘陟[③]者若将阶天[④]。故袁休明[⑤]《巴蜀志》云：高山嵯峨[⑥]，岩石磊落[⑦]；倾侧[⑧]萦回[⑨]，下临峭壑；行者扳缘[⑩]，牵援绳索。三蜀[⑪]之人，及南中[⑫]诸郡，以为至险。

注释

① 堂琅县：古县名，汉置，今云南省巧家县东。

② 羊肠绳屈：像羊肠和弯曲的绳子一样。

③ 缘陟：攀登。

④ 阶天：登天。

⑤ 袁休明：晋人，撰《巴蜀志》。

⑥ 嵯峨：山势高峻。

⑦ 磊落：壮大众多的样子。

⑧ 倾侧：倾斜。

⑨ 萦回：回绕、环绕。

⑩ 扳缘：攀缘。扳，同“攀”。

⑪ 三蜀：古时称蜀郡、犍为、广汉为“三蜀”。

⑫ 南中：古地区名，三国以后指今四川省南部及云南、贵州两省地区。因在蜀汉以南，故名。

译文

郡城西南二百里有该郡所辖的堂琅县，往西北走，羊肠小道弯弯曲曲地爬上高山，路程八十多里，有的地方要攀着树木上登，有的地方要用绳索互相牵挽着爬上去，登山真是有如登天。所以袁休明《巴蜀志》说：高山险峻巍峨，岩石参差错落；山径曲折斜行，下临陡峭绝壑；行人攀缘登山，还须牵挽绳索。三蜀以及南中诸郡的人，都认为这是一条极其险恶的路径。

原典

自朱提[①]至僰道有水步道，水道有黑水[②]、羊官水，至险难。三津之阻，行者苦之。故俗为之语曰：楢溪[③]、赤水，盘蛇[④]七曲。盘羊乌栊[⑤]，气与天通[⑥]。看都濩泚[⑦]，住柱[⑧]呼伊。庲降[⑨]贾子[⑩]，左担七里。又有牛叩头、马搏颊[⑪]坂，其艰险如此也。

译文

从朱提到僰道有水路和步行小路，水路有黑水、羊官水，极其艰险难行。要过三处险渡，行人深以为苦。所以民间谚语说：楢溪、赤水，就像盘蛇，东流西转，弯弯曲曲。绕着羊肠小路的乌栊，山势极其高峻，在山间赶路，大汗淋漓，拄杖小憩，哎哟叹息。庲降小贩，行路苦疲，左肩挑担，苦熬七里。又有牛叩头坂和马搏颊坂，道路是这样艰险难行。

注释

① 朱提：古县名，西汉置，今云南省昭通市。

② 黑水：任乃强认为，即云南省盐津县之普耳渡。

③ 楢溪：长满楢树的溪流。

④ 盘蛇：像盘踞的大蛇。

⑤ 盘羊乌栊：任乃强认为，为二山名，乌栊即乌蒙山，在朱提、堂琅界上。

⑥ 气与天通：言山势极其高峻。

⑦ 看都濩泚：看着都会大汗淋漓。

⑧ 住柱：肩负者用丁拐支撑所负而休息。

⑨ 庲降：今云南省镇雄县附近。

⑩ 贾子：这里指贩贸于南中的商贾。

⑪ 牛叩头、马搏颊：任乃强认为，形容牛、马负重经过时，竭力引首向下，以长膂力，至于额颊抵地，而后能进，艰苦之至也。头直下，则额抵地，直下至于顿颡，犹不能进，则偏其首，以颊抵地，较叩头又进一步之形容语也。

飞夺泸定桥

1935 年 5 月的一个晚上，红一方面军主力在大渡河南岸的安顺场一带开始强渡大渡河。安顺场原是太平天国石达开北渡失败之处，地势险要，两侧高山，中间河谷，无回旋余地，四川军阀曾扬言红军将重蹈石达开覆辙。

但是，红一军团袭占安顺场渡口，歼敌两个连，缴获渡船一只，控制了南岸渡口。17 名勇士组成突击队，冒着敌人密集的火力，奋勇渡过大渡河，击溃敌人一个营，占领了北岸渡口。

随后，大渡河东、西两路红军冒雨前进，冲破敌人据险扼守的数道隘口，突向泸定桥。22 名勇士组成的突击队，冒着敌人密集的火力，攀踏着悬空的铁索链冲向对岸，占领了桥东头。

红军强渡大渡河后，又击溃四川军阀四个团，翻越了长征途中第一座大雪山——夹金山，与四方面军胜利会师。

强渡大渡河油画

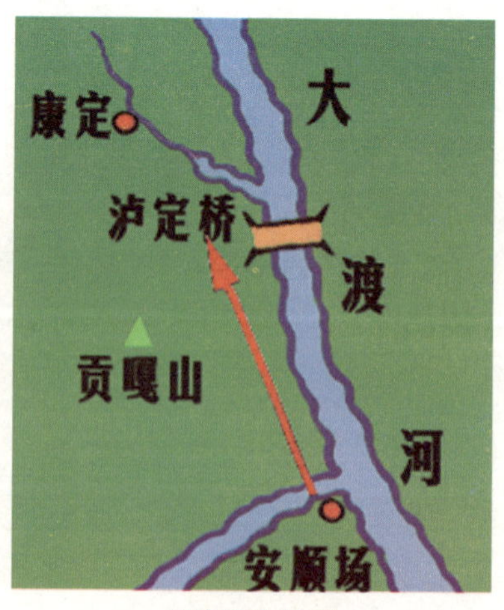

泸定桥位置图

原典

区粟建八尺表①，日影度南八寸。自此影以南在日之南，故以名郡。望北辰星②，落在天际。日在北，故开北户以向日。此其大较③也。范泰④《古今善言》曰：日南张重⑤，举计⑥入洛，正旦⑦大会。明帝问：日南郡北向视日邪？重曰：今郡有云中、金城者，不必皆有其实，日亦俱出于东耳。

注释

① 八尺表：当是日晷一类的东西。即古代用来观测日影以定时刻的仪器。

② 北辰星：北极星。

③ 大较：大略、大概。

④ 范泰：字伯伦，南朝宋车骑将军，撰《古今善言》三十卷。

⑤ 张重：《太平御览》卷四引《后汉书》：字仲笃，汉明帝时举孝廉。

⑥ 举计：即上计。汉时地方官于年终将户口、赋税等编造计簿，遣吏逐级上报，奏呈朝廷，谓之上计。

⑦ 正旦：正月初一。

译文

区粟立了一支高达八尺的标杆，日影移到南边八寸。因为此影以南都在太阳的南边了，所以就以日南为郡名。在这里望北斗星，其已从上空低低地沉落到天际了。太阳在北，所以房屋都开北窗面向太阳。这是大略情况。范泰《古今善言》说，日南张重去洛阳向宫廷进献记录当地财政收支的账簿，在元旦朝会时，明帝问道：日南郡是不是朝北望太阳的？张重说：现在郡中有云中、金城，不一定都是名如其实，太阳也都是从东方升起的。

原典

豫章①俞益期，性气②刚直，不下③曲俗，容身无所，远适④在南，《与韩康伯⑤书》曰：惟槟榔树⑥，最南游之可观，但性不耐霜，不得北植，不遇长者之目，令人恨深⑦。尝对飞鸟恋土，增思⑧寄意，谓此鸟其背青，其腹赤，丹心外露，鸣情未达，终日归飞，飞不十千，路余万里，何由归哉？

注释

① 豫章：今江西省南昌市。

② 性气：性格。

③ 不下：不屈服。

④ 适：到、往。

⑤ 韩康伯：即韩伯，字康伯，颍川长社（今河南省长葛市）人，东晋名士，官至太常卿，撰《周易注》传世。

⑥ 槟榔树：常绿乔木，果实可以吃，生长在热带。

⑦ 恨深：非常遗憾。

⑧ 增思：增加思念。

译文

豫章俞益期性情刚直，不肯迎合流俗，因而弄得无处可以容身，于是远去南方，他在给韩康伯的信中说：南游中最值得观赏的是槟榔树，但性不耐霜，不能移植到北方，故而也不能让您老人家看看，这是非常令人抱憾的。看到飞鸟留恋乡土，更增添了一份怀乡之情，并在此寄意，我要说，这种鸟背青腹红，一片丹心都流露在外面，啼鸣表达不出它的感情，一天到晚只是叫着：归飞！归飞！可是却飞不了几千里，而路途却是万里迢迢，又怎能归去呢？

原典

九真[①]太守任延，始教耕犁，俗化[②]交土[③]，风行[④]象林。知耕以来，六百余年，火耨[⑤]耕艺，法与华[⑥]同。名白田，种白谷，七月火作[⑦]，十月登[⑧]熟；名赤田，种赤谷，十二月作，四月登熟，所谓两熟之稻也。至于草甲[⑨]萌芽，谷月代种[⑩]，穜稑[⑪]早晚，无月不秀[⑫]，耕耘功[⑬]重，收获利轻，熟速故也。米不外散，恒为丰国。桑蚕年八熟茧，《三都赋》所谓八蚕之绵者矣。

注释

① 九真：古郡名，公元前 3 世纪末，南越赵佗置，今越南清化省。

② 俗化：风俗化导。

③ 交土：即古交州之地，包括今广东、广西的大部，以及越南承天以北诸省。

④ 风行：风化流行。

⑤ 火耨：用火烧锄草。

⑥ 华：中国。

⑦ 火作：火耕。

⑧ 登：成熟。

⑨ 甲：浮壳，这里代指种子。

⑩ 代种：交替种植。

⑪ 穜稑：泛指稻谷。穜：早种晚熟的谷。

⑫ 秀：谷类作物抽穗开花。

⑬ 功：劳作。

译文

九真太守任延开始教百姓耕犁，在交州已历久成俗，并风行到象林。自从人们知道耕田以来，六百多年间，刀耕火种的方法，都和中国相同。叫白田的都种白谷，七月间火种，十月成熟；叫赤田的都种赤谷，十二月间耕作，次年四月成熟——这就是所谓双季稻。至于种子萌芽，稻谷每月交替耕种，稻谷下种和成熟的早晚各有不同，但每月都有作物抽穗开花的，耕耘所费的劳力大，收获所得的利益小，这是因为成熟快的缘故。稻米从不外流，国家经常丰足。养蚕一年收茧八次，就是《三都赋》所说的八蚕之绵。

原典

王氏《交广春秋》曰：朱崖①、儋耳二郡，与交州②俱开，皆汉武帝所置。大海中，南极③之外，对合浦，徐闻县④。清朗无风之日，迳望朱崖州，如囷廪⑤大，从徐闻对渡⑥，北风举帆，一日一夜而至。周回二千余里，径度⑦八百里，人民可⑧十万余家，皆殊种异类，被发⑨雕身⑩，而女多姣好，白皙、长发、美鬓，犬羊相聚，不服德教。儋耳先废，朱崖数叛⑪，元帝以贾捐之⑫议罢郡。杨氏⑬《南裔异物志》曰：儋耳、朱崖，俱在海中，分为东蕃。故《山海经》曰：在郁水南也。

注释

①朱崖：一作“珠崖”，古郡名，汉置，今海南省海口市琼山区。

②交州：今广东、广西的大部，以及越南承天以北诸省。

③南极：大陆最南边。

④徐闻县：古县名，汉置，今广东省徐闻县。

⑤囷廪：圆形的大粮仓。

⑥对渡：渡海到对岸。

⑦径度：直径。

⑧可：大约。

⑨被发：披散头发。

⑩雕身：文身。

⑪数叛：多次反叛。

⑫贾捐之：字君房，贾谊之曾孙，汉元帝采纳他的意见撤除朱崖郡。

⑬杨氏：杨孚，字孝元，南海（今广东省广州市）人，东汉章帝、和帝时人，撰《南裔异物志》。

译文

王氏《交广春秋》说：朱崖、儋耳两郡，和交州一同开拓，都是汉武帝所设置的。两郡都在大海中，在大陆南端的海外，与合浦、徐闻隔海相望。在晴朗无风的日子，遥望朱崖州，大如粮仓，从徐闻渡海到对岸，刮北风一昼夜可到。周围两千多里，直径八百里，百姓十万多家，都是异族，他们披散着头发，身上刺着花纹，但女的俊俏秀丽的颇多，她们肤色白净，鬓发又长又美，人们像牲口一样群居在一起，不遵从什么伦理教化。儋耳先被撤废，朱崖则多次反叛，元帝采纳贾捐之的建议，废除郡制。杨氏《南裔异物志》说：儋耳、朱崖都在海中，处于东部藩属的地位。所以《山海经》说：在郁水以南。

原典

《俞益期笺[①]》曰：马文渊立两铜柱于林邑[②]岸北，有遗兵十余家不反，居寿泠[③]岸南而对铜柱。悉姓马，自婚姻[④]，今有二百户。交州以其流寓[⑤]，号曰马流[⑥]，言语饮食，尚与华[⑦]同。

译文

俞益期的书信中说：马文渊在林邑岸北立了两根铜柱，有十多家兵士留下不回去，定居在寿泠岸南与铜柱对面的地方。他们全都姓马，娶妻成家，现在已有两百多户。交州因为他们是流寓在这里的，所以称他们为马流，语言、饮食和中国相同。

注释

① 笺：信札。

② 林邑：古国名，亦称占城、占婆，今越南中南部。

③ 寿泠：古县名，三国吴置，今越南广治省。

④ 自婚姻：自己同姓内部相互通婚。

⑤ 流寓：流落他乡而居住。

⑥ 马流：一说是“马来”的别译，即马来人。

⑦ 华：中国。

马文渊的故事

马文渊像

宋淳化年间，翰林院的墙上，有人贴了一上联：马文渊死，以马革裹尸，死得其所。

马文渊即马援（公元前14—公元49），东汉扶风茂陵（今陕西兴平东北）人，一生立下许多战功，人称伏波将军。他有句名言：“大丈夫应战死沙场，用马革裹着尸体还乡。”后来他病死军中。

别看翰林院的人都是满肚子学问，可都被这个上联难住了。原来，这出句绝妙：马既是姓，又与革组成一个名词——马革；死是动词，又是联中成语马革裹尸中尸字的一部分（尸的繁体字为“屍”），还是最后一句“死得其所”的第一个字（这种情况，在对联中称复辞和析字），要应对极难。

一天，新翰林学士杨大年（即杨亿，著名诗人）到翰林院上任，他看到这个上联后，思索片刻，便对出了下联：李伯阳生，指李木为姓，生而知之。

李伯阳即李聃，被尊称为“老子”，春秋时思想家、道教创始人，据说他“生而指李树，因以为姓”。（《史记·老子韩非列传·司马贞索隐》）

下联贴到墙上后，翰林院的人看了，都一致称好。一生一死，难对的地方均已一一解决。

卷三十七

淹水、叶榆河、夷水、油水、澧水、沅水、淈水

原典

郡有叶榆县[①]，县西北八十里，有吊鸟山[②]，众鸟千百为群，其会，呜呼啁哳[③]，每岁七八月至，十六七日则止，一岁六至。雉雀来吊，夜燃火伺取之，其无嗉[④]不食，似特悲者，以为义则不取也。俗言，凤凰死于此山，故众鸟来吊[⑤]，因名“吊鸟”。

注释

①叶榆县：古县名，西汉置，今云南省大理市北。

②吊鸟山：在今云南省大理市。

③啁哳：鸟鸣声。

④嗉：鸟喉下盛食物的囊。

⑤吊：祭奠死者。

译文

郡里有叶榆县，叶榆县西北八十里有吊鸟山，成百上千的鸟聚集成群，会集时，繁杂细碎的叫声连成一片。鸟群每年七八月来到，十六七日就停止，一年来六次。当雉雀来吊时，夜间点火守候捕捉，有的嗉囊里空空的，却不肯吃东西，好像特别悲哀似的，人们以为这是义鸟，就不捉它。民间相传，凤凰死在这山上，所以百鸟都来吊丧，因此叫吊鸟。

原典

夷水[①]又迳宜都[②]北，东入大江[③]，有泾、渭[④]之比。亦谓之佷山[⑤]北溪。水所经皆石山，略无[⑥]土岸。其水虚映[⑦]，俯视游鱼，如乘空[⑧]也。浅处多五色石，冬夏激素飞清[⑨]；傍多茂木空岫[⑩]，静夜听之，恒有清响[⑪]，百鸟翔禽，哀鸣相和。巡[⑫]颓浪者，不觉疲而忘归矣。

译文

夷水又经宜都北，东流注入大江，二水一清一浊，泾渭分明。夷水也叫佷山北溪，水流所经都是石山，基本上没有土岸。溪水澄清，仿佛虚空无物，俯视游鱼，就像在空中浮动似的。浅处多五色石子，不论冬夏，清流奔泻，飞溅起白雪似的浪花；溪旁是茂密的林木，空寂的山谷，静夜谛听，常常传来清脆的水声，各种鸟类婉转优美的鸣叫声相互唱和。人们逐浪畅游，不但不感到疲惫，而且还乐而忘归了。

注释

① 夷水：古水名，今湖北省西部长江支流清江及其上游小河。

② 宜都：古县名，三国蜀置，今湖北省宜都市西北。

③ 大江：长江。

④ 渭：渭河，发源于甘肃，经陕西流入黄河。

⑤ 佷山：在今湖北省长阳土家自治县西北。

⑥ 略无：全无、一点儿也没有。

⑦ 虚映：因清澈见底而显得空虚无物。

⑧ 乘空：在虚空中浮游。

⑨ 飞清：飞流的清泉。

⑩ 空岫：空寂的山谷。

⑪ 响：回声。

⑫ 巡：追逐、追寻。

原典

沅水[①]又东历临沅县西，为明月池、白璧湾。湾状半月，清潭镜澈，上则风籁空传，下则泉响不断。行者莫不拥檝嬉游，徘回爱玩。沅水又东历三石涧，鼎足均跱，秀若削成。其侧茂竹便娟，致可玩也。又东带绿萝山，绿萝蒙冪，颓岩临水，寔钓渚渔咏之胜地，其迭响若钟音，信为神仙之所居。

注释

① 沅水：即沅江，发源于贵州，流入湖南。

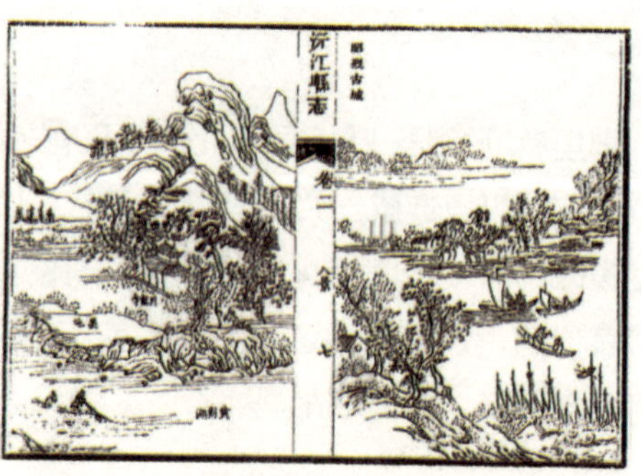

沅江县志中的沅江风景

译文

沅水又东流，经临沅县西，就到明月池、白璧湾。湾呈半月形，澄清的潭水明澈如镜，头上风声在空中回荡，脚下流泉淙淙不绝。经过这里的人无不来荡桨嬉游，流连忘返。沅水又东流，经三石涧，涧中有三石鼎足而立，距离匀称，其高耸状仿佛是斧削而成。旁边翠竹袅袅婷婷，引人玩赏。沅水又东流，绕过绿萝山，绿油油的松萝如纱帐垂披，危耸的山岩凭依着水边，真是垂钓吟咏的好地方，回音荡漾，有如钟声一般，真是神仙居住的地方了。

原典

建安中，吴遣步骘[①]为交州[②]。骘到南海[③]，见土地形势，观尉佗[④]旧治处，负[⑤]山带[⑥]海，博敞渺目，高则桑土，下则沃衍[⑦]，林麓鸟兽，于何不有。海怪鱼鳖，鼋[⑧]鼍[⑨]鲜鳄[⑩]，珍怪异物，千种万类，不可胜记。佗因[⑪]冈作台，北面朝汉，圆基千步，直峭百丈，顶上三亩，复道[⑫]回环[⑬]，逶迤[⑭]曲折，朔[⑮]望[⑯]升拜，名曰朝台。前后刺史[⑰]郡守，迁[⑱]除新至，未尝不乘车升履，于焉逍遥。骘登高远望，睹巨海之浩茫，观原薮[⑲]之殷阜，乃曰：斯诚海岛膏腴之地，宜为都邑。

译文

建安年间，孙吴派遣步骘去当交州刺史。步骘到了南海，纵览那个地区的形势，观看尉佗旧时的治所，那地方依山面海，平旷开阔，一望无际，高处是桑园，下面是沃野，山麓林莽间的鸟兽应有尽有。还有海怪鱼鳖、鼋、鼍、鳄鱼、珍宝异物，千奇百怪，种类万千，不胜枚举。尉佗凭倚山冈修建高台，高台朝北，面向汉土，圈出地基，方圆千步，陡峭高百丈，顶上面积约三亩，在四周建了回旋曲折的复道，

注释

① 步骘：字子山，临淮淮阴（今江苏省淮安市）人，三国吴将军。

② 交州：即交州刺史。东汉建安八年改交趾刺史部为交州，今广东省广州市。

③ 南海：古郡名，秦始皇置，今广东省广州市。

④ 尉佗：即赵佗，刘邦立为南越王，真定（今河北省石家庄市）人。

⑤ 负：背靠。

⑥ 带：环绕。

⑦ 沃衍：肥美平坦的土地。

⑧ 鼋：大鳖。

⑨ 鼍：扬子鳄。

⑩ 鳄：体躯庞大并且非常凶猛的马来鳄。

⑪ 因：凭依。

⑫ 复道：上下两重通道，即空中通道。

⑬ 回环：回旋环绕。

⑭ 逶迤：弯弯曲曲绵延不

每逢初一、十五，就登台遥拜，名为朝台。前后各任刺史、郡守，新来上任时，无不乘车而来，登台畅游。步骘登高远望，看到大海一片茫茫，俯视原野湖泽，殷富丰盛，于是说道：这里真是海岛上的肥沃之地，是宜于建立都城的地方。

绝的样子。

⑮ 朔：夏历每月的最初一天。

⑯ 望：夏历每月十五。

⑰ 刺史：古代官名，原为朝廷所派督察地方之官，后沿为地方官职名称，汉武帝时设置。

⑱ 迁：调动官职。

⑲ 原薮：原野湖泽。

几条长江支流

《汉书·地理志》载："叶榆泽在东。"叶榆县在今云南大理县以北洱海沿岸的喜洲附近，所以汉叶榆泽就是今洱海。但《水经注》中的叶榆水，其一部分流程似乎与今元江和越南的红河相合，却又和滇池、温水等相纠缠，所以错误极多。陈澧在《水经注西南诸水考》中已有论及。夷水今称清江，是长江支流，发源于湖北省利川市以西，东流在宜都附近注入长江，全长400多里，流域面积16 000多平方千米。油水在《经》文和《注》文中都相当明确，记及它流经孱陵县。三国吴孱陵县在今湖北省松孱县南，这一带河湖错杂，水道变化甚大。今松滋以西，古代油水或即今界溪河。但松滋以东，由于水道纷歧，已经无法考实。澧水今仍称澧水，为注入洞庭湖的四大水之一，发源于湘、鄂两省边境，下流从津市进入河湖水网区，在安乡县附近汇合沅江，注入洞庭湖，全长近400千米，流域面积达18 000多平方千米。沅水今称沅江，是洞庭湖四大水之一，发源于贵州省苗岭，在天柱县以东流入湖南省，东北流注入洞庭湖，干流全长1000多千米，流域面积9000多平方千米。

长江流域示意图

卷三十八

资水、涟水、湘水、漓水、溱水

原典

东入衡阳[①]湘乡县[②]，历石鱼山[③]下，多玄石[④]，山高八十余丈，广十里，石色黑而理若云母[⑤]。开发一重[⑥]，辄有鱼形，鳞鬐[⑦]首尾，宛若刻画，长数寸，鱼形备足。烧之作鱼膏腥，因以名之。

译文

东流入衡阳湘乡县，经过石鱼山下，（山上）多黑石，山高达八十多丈，方圆有十里，岩石呈黑色，纹理好像云母一般。开采出一层，就有鱼形出现，有鳞有鳍，头尾齐全，仿佛雕刻描绘出来的一般，鱼长数寸，形态完备。用火来烧，就发出鱼膏的腥气，因此名为石鱼山。

注释

①衡阳：古郡名，三国吴置，今湖南省湘潭市西。

②湘乡县：古县名，东汉置，今湖南省湘乡市。

③石鱼山：今湖南省湘乡市西。

④玄石：黑石。

⑤云母：矿物，主要成分是铝硅酸盐，耐高温，不导电，是重要的绝缘材料。

⑥一重：一层。

⑦鬐：鱼脊鳍。

原典

湘[①]、漓[②]同源，分为二水。南为漓水，北则湘川，东北流。罗君章[③]《湘中记》曰：湘水之出于阳朔[④]，则觞[⑤]为之舟；至洞庭[⑥]，日月若出入于其中[⑦]也。

注释

①湘：今称湘江，为洞庭湖四大水中的最大河流。

②漓：今称漓江，以风景绝胜著名。

③罗君章：即罗含，晋耒阳（今湖南省耒阳市）人，字君章，累迁廷尉，长沙相，著有《湘中记》。

④阳朔：地名，在广西，以风景秀丽驰名中外。

⑤觞：酒杯。

⑥洞庭：即洞庭湖，在湖南境内，为湖南众水之总汇，是我国第一大淡水湖。

⑦日月若出入于其中：语出曹操《观沧海》："日月之行，若出其中。"

译文

湘水、漓水一同发源，却分流成为二水。南边的一支是漓水，北边的一支是湘水，东北流。罗君章《湘中记》说：湘水发源于阳朔时，小的酒杯可以当船，但流到洞庭时，却一片汪洋，连太阳、月亮都好像从水中升起似的。

漓江风光

原典

湘水[①]又北迳衡山县[②]东。山在西南，有三峰：一名紫盖[③]，一名石囷，一名芙容。芙容峰最为竦杰[④]，自远望之，苍苍[⑤]隐[⑥]天。故罗含云：望若阵云[⑦]，非清霁[⑧]素朝[⑨]，不见其峰。丹水[⑩]涌其左，澧泉[⑪]流其右。《山经》[⑫]谓之岣嵝，为南岳也。山下有舜庙，南有祝融冢[⑬]。楚灵王之世，山崩毁其坟，得《营丘九头图》。禹治洪水，血马祭山，得《金简玉字之书》。芙容峰之东有仙人石室，学者经过，往往闻讽诵之音矣。衡山东南二面临映湘川；自长沙至此，江湘七百里中，有九向九背。故渔者歌曰：帆随湘转，望衡九面。山上有飞泉下注，下映青林，直注山下，望之若幅练在山矣。

注释

① 湘水：今称湘江，为洞庭湖四大水中的最大河流。

② 衡山县：古县名，西晋置，今湖南省衡山县南。

③ 紫盖：及下文的“石囷”“芙容”，均在今湖南省衡山县。

④ 竦杰：高耸。竦：同“耸”。

⑤ 苍苍：苍茫。

⑥ 隐：隐没。

⑦ 阵云：浓密如战阵的云层。

⑧ 清霁：雨后或雪后天晴。

⑨ 素朝：早晨天亮的时光。

⑩ 丹水：水名，不详。

⑪ 澧泉：不详。

⑫《山经》：即《山海经》，我国古代地理名著，内容包括草木、鸟兽、医巫、风俗等。

⑬ 祝融冢：在今湖南省衡山县西北。祝融，帝喾时的火官，后被尊为火神。

译文

湘水又北流，经衡山县东。山在西南，共有三座高峰：一座叫紫盖，一座叫

石囷，一座叫芙容。芙容峰最高峻，从远处望去，苍茫的山影隐没于天际。所以罗含说：遥望衡曲有如阵云，不是雨后放晴或清晨射出日光的时候，就看不见山峰。丹水在左边腾涌，澧泉在右边流奔。衡山，《山经》称为岣嵝，就是南岳。山下有舜庙，南边有祝融墓。楚灵王时，山崩墓毁，却得到《营丘九头图》。禹治洪水时，杀马祭山，得到《金简玉字之书》。芙容峰东有仙人石室，读书人经过时，常常可以听到琅琅的读书声。衡山东南两面濒水，倒映于湘江中；从长沙到这里，沿湘水的七百里航程中，有九次面山，九次背山。所以渔歌说：风帆随着湘水转，眺望衡山有九面。山上有飞瀑下泻，与下面的青林相映，直向山麓倾泻而下，望去宛如挂在山间的白绢。

原典

武溪水[①]又南入重山，山名蓝豪，广圆五百里，悉曲江县[②]界。崖峻险阻，岩岭干天，交柯[③]云蔚[④]，霾[⑤]天晦景[⑥]，谓之泷中。悬湍回注，崩浪震山，名之泷水。

译文

武溪水又南流进入重山，山名蓝豪，方圆五百里，都在曲江县境内。山上悬崖峭壁，险阻难行，山岭的巨岩高入云天，密林繁枝交错，绿荫如云，荫天蔽日，称为泷中。瀑布萦纡流泻，激起崩裂的浪头，声震山谷，称为泷水。

注释

①武溪水：亦名泷水，源出湖南省临武县，经广东省乐昌市至韶关市，南流为北江。

②曲江县：古县名，西汉置，今广东省韶关市。

③交柯：树枝交错。

④云蔚：郁郁葱葱的样子。

⑤霾：遮掩、覆盖。

⑥晦景：使日色昏暗。

原典

林水[①]自源西注于泷水。又与云水合，水出县北汤泉[②]，泉源沸涌，浩气云浮，以腥物[③]投之，俄顷[④]即热。

译文

林水从源头西流，注入泷水。泷水又与云水汇合。云水发源于县北的温泉，温泉水源沸腾汹涌，上面飘浮着浓厚的云气，如果投入生的东西，很快就会变成熟的。

注释

①林水：及下文的“云水”，都在今广东省韶关市北。

②汤泉：温泉。

③腥物：生的东西。

④俄顷：一会儿，形容时间很短。

资　水

资水今仍称资水，发源于广西西北越城岭，从资源县以北流入湖南省，东北流在益阳市附近注入洞庭湖，为洞庭湖四大水之一，全长达670千米。涟水今仍称涟水，是湘江支流，发源于邵阳市附近，在湘潭市境注入湘江，全长200多千米。湘水今称湘江，为洞庭湖四大水中的最大河流，发源于广西海洋山，在全州东北流入湖南省，到湘阴市附近注入洞庭湖，全长800多千米。漓水今称漓江，发源于广西兴安县猫儿山，是桂江的上流，从桂林到阳朔一段，长82千米，以风景绝胜著名。溱水是珠江水系河流，《注》文所说上源的武溪，现在仍称武水，溱水的下流是珠江三大支流中的北江。

资水除具有原始、古朴、幽野的特色外，更富有一种灵动、秀丽之美。沿江分布的60多处景点，古怪稀奇，美不胜收。两岸奇峰突兀，怪石嶙峋，云烟缥缈，竹木葱茏，山花烂漫，水鸟低飞，莺啼婉转。江面鱼鹰、竹筏穿梭于清澈江面；江畔竹篱、茅舍，掩映于翠绿丛中，屋舍俨然，鸡犬相闻。倒影映水底，彩石铺河床。江流水急，清澈见底；鱼游水中，历历可见；白浪扑面，清风徐来。

沿岸景物琳琅满目，奇观迭出，“风帆石”“玉屏山”“娘石”“神象饮水”“万马饮江”“美猴王醉卧沉香寨”“大将军骑马镇天门”……千姿百态，形神兼备，惟妙惟肖，妙趣横生，令游人击掌叫绝。其中“风帆石”“神象饮水”“火炬山”“将军骑马镇天门”“资江大佛”等景点形神毕俏，堪称绝景，具有很高的观赏价值。游览其中，有“资水归来不游江”之感。

资水风光

卷三十九

洭水、深水、钟水、耒水、洣水、漉水、浏水、溟水、赣水、庐江水

原典

洲西，即蔡伦故宅[①]，傍有蔡子池。伦，汉黄门[②]，顺帝之世，捣故鱼网为纸，用代简素[③]，自其始也。

蔡伦故居

注释

① 蔡伦故宅：在今湖南省耒阳市西南。

② 黄门：太监，东汉时黄门令、中黄门诸官，皆由太监充当。

③ 简素：竹简、木简和帛绢。

译文

（蔡）州西边，就是蔡伦的故居，旁边有蔡子池。蔡伦是汉时一个太监，顺帝时，蔡伦将破鱼网捣烂造纸，以代替竹简和帛，造纸术就是蔡伦创造的。

蔡伦造纸

蔡伦是湖南耒阳人，于东汉明帝刘庄永平十八年进皇宫当了太监，后来成为监制各种御用器物的皇家工场的负责人。

蔡伦想到工场里制作丝绵时，总有一些残絮遗留在篾席上。篾席晾干后，那上面就附着一层由残絮交织成的薄片，揭下来，写字十分方便。蔡伦率领几名皇室作坊中的技工来到这里，开始剥树皮、捣碎、泡烂，再加入沤松的麻缕，制成稀浆，用竹篾捞出薄薄一层晾干、揭下，便造出了最初的纸。通过不断改进后，蔡伦挑选出规整的纸张，进献给和帝。和帝查看造纸过程后重赏蔡伦，封蔡伦为“龙亭侯”。人们把这种新的书写材料称作“蔡侯纸”。“蔡侯纸”名声大了，造纸的地方自然也有了名气，人们便把马涧河的这一段称作“造纸河”。

原典

县出燃石[①]，《异物志》[②]曰：石色黄白而理[③]疏，以水灌之便热，以鼎[④]著[⑤]其上，炊足以熟。置之则冷，灌之则热，如此无穷。

译文

该县出产燃石，《异物志》说：燃石黄白色，质地疏松，浇水就会发热，把锅子搁在上面，就可以把东西烧熟。放着就冷，浇水就热，可以无穷无尽地用下去。

注释

① 燃石：一种遇水可以自热的石头。

②《异物志》：书名，作者不详。

③ 理：纹理。

④ 鼎：古代煮东西用的器物，圆形，三足两耳，也有方形四足的。

⑤ 著：放置、放在。

乌　江

乌江位于酉阳县城西南边境，发源于贵州省威宁县，自沿河进入酉阳万木、龚滩，至涪陵汇入重庆长江，全长1070千米，乌江酉阳段约60千米，是千里乌江最精华的“乌江百里画廊”。乌江百里画廊包括乌江干流酉阳县龚滩古镇至万木乡之间河段，以及自东向西倒流的乌江支流阿蓬江酉阳段，含龚滩古镇景区、阿蓬江漂流景区、清泉廊桥景区、马鞍城景区、万木永和寺、石林景区、三家阡石林、悬葬景区、长溪沟生态旅游景区。乌江百里画廊历史悠久，文化积淀深厚。

“乌江鱼”是一个历史悠久、独具特色的饮食品种，四季皆宜，闻名遐迩。“乌江鱼”是用真正的野生鱼（即江中之鲢鱼）精心配料，加以遵义“朝天辣椒”，以火锅方式烹制而成，鲜辣味美，吸引了无数的游客。

乌江鱼菜肴

乌江水系图

卷四十

浙江水、斤江水、江以南至日南郡二十水、禹贡山水泽地所在

原典

浙江[①]又北迳新城县[②]，桐溪水[③]注之。水出吴兴郡[④]於潜县北天目山。山极高峻，崖岭竦迭[⑤]，西临峻涧。山上有霜木，皆是数百年树，谓之翔凤林。东面有瀑布，下注数亩深沼，名曰浣龙池。池水南流迳县西，为县之西溪。溪水又东南与紫溪合，水出县西百丈山[⑥]，即潜山也。山水东南流，名为紫溪，中道夹水，有紫色盘石，石长百余丈，望之如朝霞，又名此水为赤濑[⑦]，盖以倒影在水故也。紫溪又东南流迳白石山[⑧]之阴，山甚峻极，北临紫溪。又东南，连山夹水，两峰交峙，反项[⑨]对石，往往相捍。十余里中，积石磊砢[⑩]，相挟而上。涧下白沙细石，状若霜雪。水木相映，泉石争晖，名曰楼林。

译文

浙江又北流经过新城县，桐溪水在此注入。桐溪水发源于吴兴郡於潜县北的天目山。此山十分高峻，悬崖绝岭，重重叠叠，其西陡峭，下有深涧。山上有霜木，都有几百年的树龄，称为翔凤林。东面有瀑布，注入广达数亩的深沼，称为浣龙池。池水南流经过於潜县西，成为县的西溪。西溪水又东南流，与紫溪汇合，紫溪发源于县西的百丈山，即潜山。山水东南流，就是紫溪，溪两岸有紫色磐石，石长百余丈，望去像朝霞一般，因为倒影映入水中，所以又称此水为赤濑。紫溪又东南流，经过白石山北，山势十分高峻，北临紫溪。又东南流，两岸山岳连绵，在双峰夹水耸峙之

注释

①浙江：即钱塘江，上游指新安江。

②新城县：古县名，三国吴置，今浙江省富阳市西南。

③桐溪水：在今浙江省桐庐县东北，发源于天目山，入桐庐县为桐溪。

④吴兴郡：古郡名，三国吴置，今浙江省湖州市。

⑤竦迭：高耸重叠。竦：同“耸”。

⑥百丈山：即潜山，在今浙江省临安境内。

⑦赤濑：即紫溪。濑，沙石上流过的水。

⑧白石山：在今浙江省临安市於潜镇南。

⑨反项：背对。项，脖颈。

⑩磊砢：壮大的样子。

处，往往是岩崖石壁，项背相对。在十多里的溪流中，礁石累累，相互扶持。溪底是白沙细石，好像霜雪一样。溪水与林木相映，泉流与山石争辉，这一段溪流称为楼林。

原典

浙江又东迳乌伤县[1]北，王莽改曰乌孝，《郡国志》[2]谓之乌伤。《异苑》[3]曰：东阳[4]颜乌[5]，以淳孝著闻，后有群乌助衔土块为坟，乌口皆伤。一境以为颜乌至孝，故致慈乌[6]，欲令孝声远闻，又名其县曰乌伤矣。

译文

浙江又东北经过乌伤县北，王莽把县改为乌孝，《郡国志》称为乌伤。《异苑》说：东阳有个名叫颜乌的人，他的纯洁的孝心闻名于乡里，后来有大群乌鸦，衔了泥土帮助他修坟墓，以致乌鸦的嘴都受了伤。乡里以为这是由于颜乌的无上孝心，所以才能招来慈乌，为了使颜乌的孝声远闻，所以把县名称为乌伤。

注释

① 乌伤县：古县名，汉置，今浙江省义乌市。乌伤为古越语地名。

②《郡国志》：即《后汉郡国志》，司马彪《续汉书》中的内容，共五卷，见于范晔所撰《后汉书》中的“志”。

③《异苑》：《隋书·经籍志》收录：共十卷，宋给事刘敬叔撰。

④ 东阳：古郡名，三国吴置，今浙江省金华市。

⑤ 颜乌：汉乌伤（今浙江省义乌市）人，以纯孝闻名。

⑥ 慈乌：乌鸦的一种，相传此鸟能反哺其母。

原典

其水分纳[1]众流，混波[2]东逝，迳定阳县[3]。夹岸缘溪，悉生支竹，及芳枳[4]、木连，杂以霜菊、金橙。白沙细石，状如凝雪[5]。石溜[6]湍波[7]，浮响无辍，山水之趣，尤深人情[8]。

译文

定阳溪水接纳许多支流，汇合东流经过定阳县。沿溪两岸，都生长着支竹、香枳、薜荔，

注释

① 分纳：分别接纳。

② 混波：汇合的波浪。

③ 定阳县：古县名，汉置，今浙江省常山县。

④ 芳枳：木名，落叶灌木或小乔木，也叫枸橘。

⑤ 凝雪：固体雪粒。

⑥ 石溜：从石上流淌的

并且夹杂着白色的菊花和黄色的橙橘。溪滩上则是白沙和细石，看去宛如积雪。急流刷石，潺潺不息。游山玩水的乐趣，非常深入人心。

水流。

⑦ 湍波：急流。

⑧ 尤深人情：非常深入人心，这里指很受人们喜爱。

原典

《钱唐记》曰：防海大塘①在县东一里许，郡议曹②华信家③议立此塘，以防海水。始开募有能致一斛④土者，即与钱一千。旬月⑤之间，来者云集，塘未成而不复取，于是载土石者，皆弃而去，塘以之成，故改名钱塘焉。

注释

① 塘：堤。

② 议曹：郡守的属吏，掌言职。

③ 华信家：人名，不详。

④ 斛：旧量器，方形，口小，底大，容量本为十斗，后来改为五斗。

⑤ 旬月：一个月。

译文

《钱唐记》说，防海大塘约在县东一里，郡的议曹华信家，建议建造此塘以防御海水。于是开始征募土石，凡挑来一斛土的，给钱一千。一月之间，挑土的人云集而来，因为塘没有修筑而不给钱，人们只好抛掉土石回去，土石成堆，塘因而修成，所以改名为钱塘。

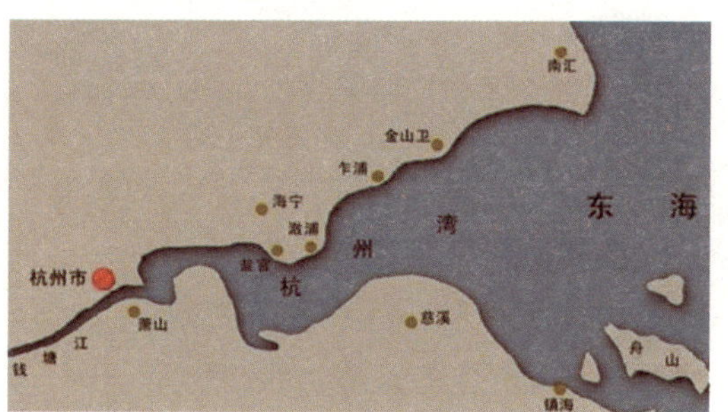

钱塘江位置图

钱塘潮

钱塘江潮

钱塘潮是最壮观的海潮。中国历史上，最著名的涌潮地有三处：山东青州涌潮、广陵潮和钱塘潮。而在世界上，钱塘潮是世界三大涌潮之一，这三潮分别是印度恒河潮、巴西亚马孙潮与中国钱塘潮。

“钱塘一望浪波连，顷刻狂澜横眼前；看似平常江水里，蕴藏能量可惊天。”潮头初临时，江面闪现出一条白线，伴之以隆隆的声响，潮头由远而近，飞驰而来，潮头推拥，鸣声如雷，顷刻间，潮峰耸起一面三四米高的水墙直立于江面，喷珠溅玉，势如万马奔腾。观潮始于汉魏，盛于唐宋，历经两千余年，已成为当地的习俗。

原典

浙江又东与兰溪[①]合，湖南有天柱山[②]，湖口有亭，号曰兰亭[③]，亦曰兰上里。太守[④]王羲之[⑤]、谢安[⑥]兄弟，数[⑦]往造[⑧]焉。吴郡[⑨]太守谢勖[⑩]封兰亭侯，盖取此亭以为封号也。太守王廙之，移亭在水中。晋司空何无忌[⑪]之临郡也，起亭于山椒[⑫]，极高尽眺矣。亭宇[⑬]虽坏，基陛尚存。

译文

浙江又东流与兰溪汇合，湖以南有天柱山，湖口有亭，称为兰亭，也叫兰上里。太守王羲之和谢安兄弟曾多次到这里。吴郡太守谢勖被封为兰亭侯，即以此亭作为封号。太守王廙之把亭移到湖中。晋朝的司空何无忌到此郡做官，把亭修在天柱山山顶，登亭远眺，一望无余。现在亭宇虽已塌废，但基础仍然存在。

注释

① 兰溪：在今浙江省绍兴市西。

② 天柱山：在今浙江省绍兴市境内。

③ 兰亭：亦名兰上里，在今浙江省绍兴市西南兰渚山下。

④ 太守：古代官名，秦置郡守，汉景帝改名太守，为一郡最高行政长官。

⑤ 王羲之：东晋书法家、文学家，字逸少，琅琊临沂（今山东省临沂市）人，其书法“飘若浮云，矫若惊龙”，号为“书圣”。

⑥ 谢安：字安石，东晋时著名的能臣。

⑦ 数：屡次、多次。

⑧ 往造：前往。

⑨ 吴郡：古郡名，东汉置，今江苏省苏州市。

⑩ 谢勖：人名，具体不详。

⑪ 何无忌：晋东海剡（山东省郯城县）人。

⑫ 山椒：山顶。

⑬ 亭宇：亭台屋宇。

原典

浙江又东北得[①]长湖口[②]，湖广五里，东西百三十里。沿湖开水门六十九所[③]，下溉田万顷，北泻长江。

译文

浙江东北流，和长湖口汇合，此湖宽五里，东西长一百三十里。沿湖开水门六十九处，可以灌溉湖下万顷农田，向北注入长江。

注释

① 得：到。

② 长湖口：即后来的镜湖、鉴湖，在今浙江省绍兴市西南。

③ 所：处。

原典

昔大禹①即位十年，东巡狩②，崩于会稽③，因而葬之。有鸟来，为之耘④，春拔草根，秋啄其秽⑤。是以县官禁民，不得妄害此鸟，犯则刑无赦⑥。

译文

从前，大禹继帝位十年，到东方巡视邦国，死于会稽，就葬在这里。从此就有鸟飞来耕耘，春天拔除草根，秋天又啄除杂草。因此，县官禁止百姓捕杀此鸟，否则，就判刑不赦。

注释

① 大禹：古代部落联盟首领，传说曾用疏导的方法治理洪水，期间有“八年于外，三过其门而不入”的动人故事。

② 巡狩：天子出行视察邦国。

③ 会稽：郡名，秦置，今江苏省苏州市。后移治所，今浙江省绍兴市。

④ 耘：耕耘。

⑤ 秽：杂草。

⑥ 刑无赦：施加刑罚而不赦免。

原典

江水导源乌伤县①，东迳诸暨县②，与泄溪③合。溪广数丈，中道有两高山夹溪，造云④壁立⑤，凡有五泄⑥。下泄悬三十余丈，广十丈；中三泄不可得至，登山远望，乃得见之，悬百余丈，水势高急，声震水外；上泄悬二百余丈，望若云垂。此是瀑布，土人号为泄也。

注释

① 乌伤县：古县名，汉置，今浙江省义乌市。乌伤为古越语地名。

② 诸暨县：古县名，秦置，今浙江省诸暨市。

③ 泄溪：在今浙江省诸暨市。

④ 造云：直插云霄。

⑤ 壁立：像墙壁一样耸立。

⑥ 五泄：五道瀑布。泄：当时当地人把“瀑布”叫作“泄”，为古越语。

译文

浦阳江发源于乌伤县，东流经诸暨县与泄溪汇合。泄溪宽达数丈，沿岸两旁有陡峭的高山耸入云霄，像墙壁一样耸立，共有五道瀑布。下泄高悬三十多丈，宽十丈；其中有三泄不能到达，攀登到山上远望，才能看见，水悬挂达百余丈，山高水急，水声震耳，响及溪外；上泄悬流二百多丈，看上去好像是白云下垂。这其实就是瀑布，当地人称为“泄”。

原典

居延泽[1]在其县故城东北，《尚书》所谓流沙[2]者也。形如月生五日也。弱水[3]入流沙，流沙，沙与水流行也。

译文

居延泽在居延县旧城东北，就是《尚书》中所称的“流沙”。它的形状像五日的新月。弱水注入流沙，所谓流沙，就是河流与沙一起流动。

注释

① 居延泽：在今内蒙古西北部额尔济纳旗境内。

② 流沙：古代指我国西北的沙漠地区。

③ 弱水：上源指今甘肃省山丹河，下游即山丹河与甘州河合流后的黑河。

居延泽

居延泽，现称“居延海”，位于内蒙古西部额尔济纳旗境内，古称“流沙泽”，汉及魏晋称“居延泽”，唐以后称“居延海”。“居延泽”何以得名？“居延”是什么意思？这是一个众说纷纭的问题。2005年，华夏出版社出版的《中国地名辞海》“居延海”条说：“‘居延’由匈奴语‘伊吉奶达拉达’一词演变而来，蒙古语意为‘黑水湖’。”这可能是一种最新的诠释。匈奴语“伊吉奶达拉达”一词是如何演变为“居延”一词的很少有人知道。有人认为，“居延泽”的来源是这样的：居延地区，早在新石器时代即有人类活动。两汉时匈奴徙居于此，是居延地区空前繁荣发展时期。匈奴人有语言而无文字。他们对地名或事物的称说往往借用汉语的词语，依照自己的发音方式读出，然后用汉字写出来。故汉字只可表音，不可据字面推断词义。秦汉时期当地匈奴人与汉人杂居，“流沙泽”古代含有大量碱卤，汉人可能据其水质称其为“碱泽”。而匈奴人则将汉语的“碱”字读作“居”“延”两个音节，后用汉字写出，即成“居延泽”。从西汉开始，地以“泽”名，置“居延县”，“流沙”之名遂废置。